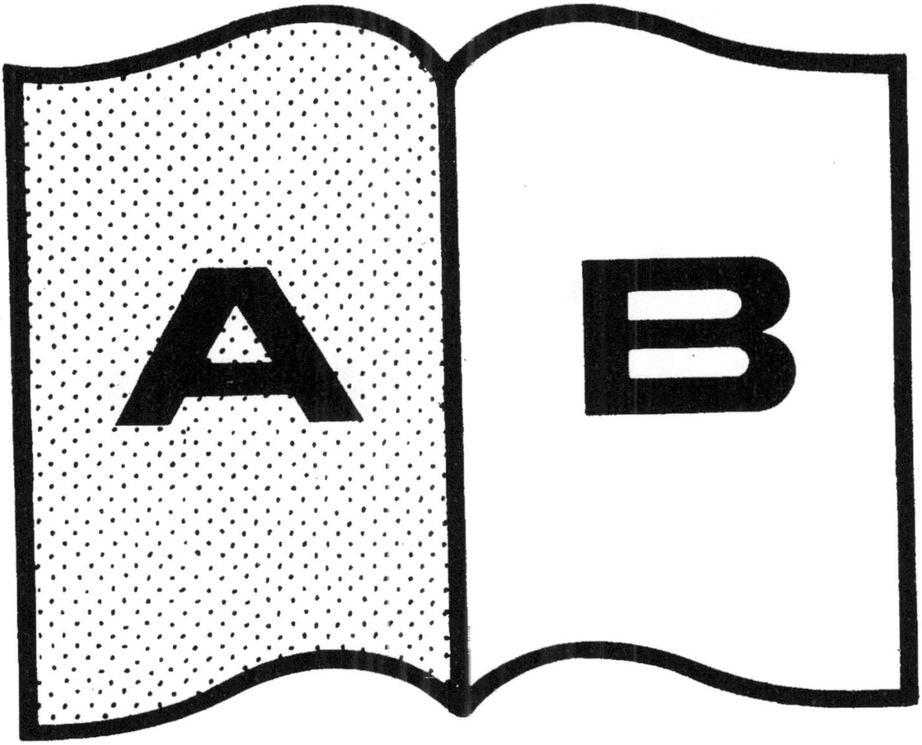

Contraste insuffisant

**NF Z 43**-120-14

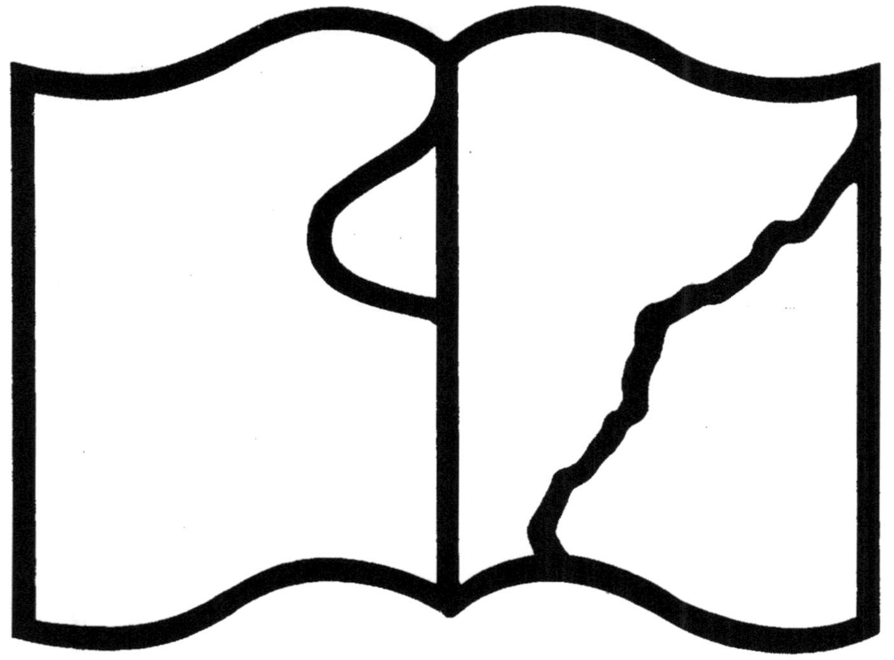

Texte détérioré — reliure défectueuse

**NF Z 43**-120-11

# LES MINIATURES

## des

## MIRACLES DE LA SAINTE VIERGE

D'après le Manuscrit de GAUTIER DE COINCY.

(Fin du XIIIᵉ siècle)

Publiées par l'abbé POQUET

Correspondant du Ministère de l'Instruction Publique,
Membre de plusieurs Sociétés savantes,
Historiographe du Diocèse de Soissons,
Officier d'Académie,
Missionnaire Apostolique.

REIMS

IMPRIMERIE ET LITHOGRAPHIE MATOT-BRAINE

6, Rue du Cadran-Saint-Pierre, 6

1890

# LES MINIATURES

DES

## Miracles de la Sainte Vierge

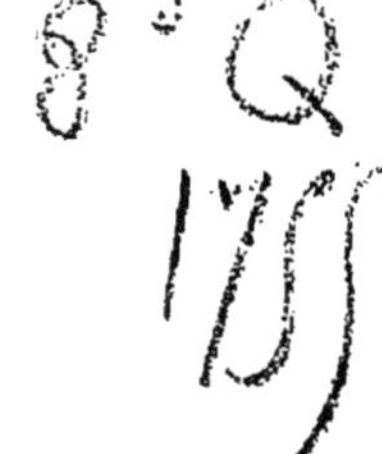

# De lempens de lomme qui garda cha stee en mlt de temptacions.

# LES MINIATURES

DES

# MIRACLES DE LA SAINTE VIERGE

D'après le Manuscrit de Gautier de Coincy.

(Fin du XIIIᵉ siècle)

**Publiées par l'abbé POQUET**

*Correspondant du Ministère de l'Instruction Publique,*
*Membre de plusieurs Sociétés savantes,*
*Historiographe du Diocèse de Soissons,*
*Officier d'Académie,*
*Missionnaire Apostolique.*

REIMS

IMPRIMERIE ET LITHOGRAPHIE MATOT-BRAINE
6, Rue du Cadran-Saint-Pierre, 6

—

1889

*BREF du Souverain Pontife Pie IX, adressé à M. l'abbé Poquet, au sujet de sa publication des poësies inédites de Gautier de Coincy, ancien prieur de Vic-sur-Aisne et religieux bénédictin de Saint-Médard de Soissons, intitulée :* **Les Miracles de la Sainte Vierge.**

« Très illustre, très révérend et très estimable
» Monsieur,

» Le Saint-Père vous félicite de vous être appliqué à
» servir la religion et la science par la publication que
» vous avez faite d'un ancien Manuscrit renfermant
» plusieurs miracles de la Mère de Dieu. En effet, rien
» n'est plus propre à confirmer dans l'amour de la
» religion que la piété envers la très Sainte Vierge, et
» rien n'est plus utile pour enflammer cette piété que
» le souvenir des bienfaits qu'elle répand sur les
» fidèles.

» C'est aussi, assurément, un grand avantage pour
» les Lettres que la publication des anciens manuscrits,
» qui, tout en faisant connaître à la postérité les mœurs
» et le langage des siècles passés, rendent non seulement
» comme présentes les choses depuis longtemps écou-

*Perillustris et adm. Rnde Dne, Dne obsme.*

*Gratulatur tibi Ssmus Dominus, quod religioni simul et erudilioni prospicere curaveris per editionem veteris codicis complura Deiparæ miracula referentis. Nihil enim aptius pietate in sanctissimam Virginem ad confirmandum Religionis amorem, nihilque opportunius ad eamdem pietatem incendendam beneficiorum memoria, quæ inde profluxerunt in fideles.*

*Nec leve profecto Litteris emolumentum accedit notitia vetustorum codicum, qui dum posteritati exactarum actatum mores et linguam, iis non modo præsentia quodam modo*

» lées, mais marquent le progrès des Sciences et des
» Arts et répandent souvent la lumière sur des points
» enveloppés des profondes ténèbres du passé. Or, ces
» manuscrits, d'une admirable écriture, ornés de ma-
» gnifiques peintures, sont pour la plupart l'œuvre des
» moines. Il en résulte contre les détracteurs du clergé,
» que c'est une preuve irréfragable du patronage dont
» l'Église a toujours environné et encouragé les Lettres
» et les Arts.

» C'est pourquoi le Saint-Père a eu pour très agréable
» ce volume dont vous avez fait jouir le Public, qui
» renferme les poësies de Gautier de Coincy, orné de
» nombreuses miniatures, enrichi de remarques cri-
» tiques et de savants commentaires; et que c'est pour
» vous donner une preuve évidente de sa gratitude que
» Sa Sainteté m'a ordonné de vous en informer et de
» vous annoncer sa Bénédiction Apostolique, qu'il vous
» accorde affectueusement comme un gage de la faveur
» divine et un témoignage de sa bienveillance pater-
» nelle.

*exhibent quæ jam diu fuerunt, sed Artium etiam ac Scientiæ
progressum designant, lucemque sæpe permultis effundunt
quæ densa operiuntur temporum caligine. Cum vero codices
isti sint, ut plurimum, monachorum manu egregiè exarati,
egregiisque exornati picturis, id quoque præstant ut irrecu-
sabile obtrudunt cleri obtrectatoribus argumentum patrocinii,
quo semper Ecclesia Litteras et Artes coluit ac provexit.*

*Volumen idcirco quo Gauterii de Coincy carmina, junctis
decorata imaginibus et animadversionibus criticis illustrata,
scitisque commentariis, Publici juris fecisti idem Ssmus Dominus habuit acceptissimum. Atque ut grati animi sui sensus
tibi sint omnino prospecti, me tibi id significare jussit, ac
Apostolicam nunciare Benedictionem : quam divini favoris*

» Croyez que je remplis très volontiers ce devoir et
» que je vous offre mes sentiments particuliers d'estime
» et de respect, en demandant à Dieu pour vous tout
» ce qui peut contribuer à votre bonheur et à votre
» salut.

« Votre très affectionné et très obéissant serviteur.

» François MERCURELLI,
» Secrétaire des Lettres latines.

» Rome, 8 août 1868. »

*auspicem, simulque testem eorum et paternæ benevolentiæ suæ tibi peramanter impertit.*

*Libentissime autem credito mihi munere ego functus peculiaria mea æstimationis atque observantiæ officia tibi exhibeo, cui adprecor a Deo fausta omnia et salutaria.*

*Tibi perillis et adm Rde Dme, De obsme addictiss. Obsmus famulus Franciscus Mercurelli, Ssmo Dno ab Epistolis latinis*

*Romæ, die 8 Augusti 1868.*

# AVERTISSEMENT

En publiant, il y a vingt ans, un livre devenu rare aujourd'hui, intitulé : *Les Miracles de la Sainte Vierge*, composé par Gautier de Coincy, religieux de Saint-Médard de Soissons, nous avons cherché alors à faire connaître l'œuvre magistrale d'un pauvre moine aussi bien sous le rapport du fond que de la forme, c'est-à-dire de son exécution matérielle.

Nous pourrions ajouter qu'envisagé sous ce dernier point de vue, ce splendide manuscrit peut passer pour un des plus beaux de ceux que possède la France et il suffit de jeter un coup d'œil sur les nombreuses miniatures et les gracieux enroulements dont il fut illustré vers la fin du XIII^me siècle, pour lui reconnaître un mérite et une valeur incontestables.

L'accueil bienveillant fait à notre publication et surtout à la reproduction des charmantes vignettes, si goûtées des connaisseurs, devait nous engager à en donner une nouvelle édition hors texte ; mais accompagnée de notes explicatives et descriptives, persuadé qu'en agissant ainsi, nous rendions un véritable service aux amateurs, à la science archéologique et aux artistes désireux de connaître les productions les plus remarquables du Moyen-Age.

On nous pardonnera donc de ne pas entrer ici dans des détails qui n'apprendraient rien à personne. Il nous a paru préférable de laisser à chacun de nos lecteurs le plaisir de faire lui-même l'étude de ces fraîches et suaves compositions dont chacune, prise isolément, constitue un ample tableau, malgré l'exiguïté du cadre qui les renferme.

Puisse notre projet, entrepris dans un but d'utilité artistique, être agréé non seulement des savants et des antiquaires; mais aussi des décorateurs et des peintres verriers toujours en quête de bons modèles! Nous n'avons pas été peu flattés de voir qu'on avait déjà emprunté à nos modestes esquisses des motifs d'ornementation et même des scènes historiées qui figurent aujourd'hui avec honneur à la Sainte Chapelle de Paris et à la Cathédrale de Reims, deux admirables monuments dont se glorifie à bon droit notre pays.

## Gautier dictant ses poësies à un jeune Religieux qui les transcrit.

Le poète Gautier, dont il est ici question, était né vers 1177, au bourg de Coincy, canton de Fère-en-Tardenois (Aisne), d'une famille distinguée. Ce qui ne l'empêcha pas d'embrasser la vie monastique dans l'abbaye de Saint-Médard de Soissons en 1193, à l'âge de 15 ou 16 ans.

En 1214, Gautier, qui avait alors 37 ans, et qui s'était fait remarquer par sa piété, son zèle et sa capacité, fut nommé prieur de Vic-sur-Aisne, où existait alors une petite communauté de moines, chargés de desservir une chapelle dédiée à sainte Léochade.

Ce fut dans ce séjour tranquille qu'il composa, de 1219 à 1222, ses nombreuses pièces de poésie, en traduisant en vers romans les pieuses légendes qu'il avait emportées en quittant Saint-Médard et qu'on lisait alors dans les monastères.

Rappelé à Soissons en 1233, en qualité de grand prieur claustral, il y mourut trois ans après, en 1236, n'étant âgé que de 59 ans.

****

Notre miniature représente donc sur un fond

d'azur, parsemé de fleurs de lys d'or, Gautier dans une attitude méditative, dictant ses poésies à un jeune professe du même ordre, portant comme lui la tête rase, à l'exception d'une mèche de cheveux et la bure grossière des disciples de saint Benoit. Le studieux copiste, les pieds appuyés sur son *scriptorium*, trace ses caractères sur une large feuille de velin que des sinets armés de boules et pendant de chaque côté maintiennent en respect.

Dans la partie supérieure du tableau, au centre d'un nuage de pourpre, ondulé de festons et environné d'un chœur d'anges à la chevelure dorée, apparaît, brillante de lumière, la Vierge Marie, nimbée et couronnée en reine, portant à la main droite une palme, en guise de sceptre, et de la gauche un livre aux riches fermoirs ; sans doute l'œuvre du poëte qui, dédaignant l'invocation de la Muse antique, a voulu placer ses vers et ses chants sous le puissant patronage de cette grande héroïne de l'épopée catholique.

## Gautier offrant au public ses chants pieux.

Le moine Gautier, dans sa douce retraite de Vic-sur-Aisne, ne s'était pas borné à traduire des récits pieux, en langue vulgaire. Poëte et musicien à la fois, il avait composé en même temps des chants religieux en l'honneur de la Vierge Marie et de sainte Léochade, patronne de sa petite communauté.

Il avait trouvé dans cet exercice un utile délassement aux fatigues de la versification et un moyen de rendre son livre plus agréable. Il voulait aussi par là opposer ses cantilènes pieuses aux chansons licencieuses qui commençaient à courir le monde et consoler ceux qui, dans le cloître, se livraient aux plus durs travaux de la pénitence.

> Laissons ces viès pastourèles,
>   Ces vieilles riotes.
> Si chacun chançon nouvelles
>   Biaus dis, bèles notes
> De la fleur dont sans séjour
>   Chantent Angre nuit et jour.

** **

Cette miniature offre donc l'intérieur d'un cloître ou d'une salle d'étude, orné de caissons terminés par des bouts de solives, éclairé par plusieurs petites baies ogivales, inscrites dans une espèce d'encadrement. Une élégante colonnette centrale reçoit la retombée des voûtes et semble partager la pièce en deux parties égales.

Sous l'une des arcades on aperçoit le poëte Gautier magnifiquement drappé dans sa robe de bure, assis sur un banc ouvragé. Le moine présente son manuscrit ouvert comme s'il avait devant lui quelque spectateur. L'autre arcade est occupée par un grand pupître à plusieurs étages, se dressant à l'aide d'une vis courante. On distingue à la base une bouteille d'encre, et sur le second degré qui s'élève et s'abaisse à volonté au moyen d'une tige en spirale, un encrier et des bandes de parchemin qui s'échappent de l'intérieur. En tête se montre le plancher carré du pupître qui sert à l'écrivain pour placer son volumen.

### Gautier offre son premier livre des miracles de la Sainte Vierge aux Mondains.

Gautier, malgré une santé frêle et délicate qui accusait une existence maladive et nerveuse, n'en poursuivait pas moins son rude labeur poëtique. Son intention, en versifiant les faits intéressants qu'il extrait de la riche *librairie* qu'on conservait à Saint-Médard, avait un double but : opposer les miracles édifiants de la Mère de Dieu aux fables et aux contes ridicules qu'on débitait alors ; puis pousser au développement du culte de la Sainte Vierge qui paraissait se refroidir.

**

Son premier livre terminé, le poëte se hatte donc de l'offrir aux gens du monde. Sur un fond de miniature d'un rose pâle, coupé en losanges par des lignes d'or, formant des compartiments semés de fleurs de lys d'or, se détachent trois religieux bénédictins, dont l'un, le poëte Gautier lui-même, présente à un groupe de personnes du monde un magnifique volume tout couvert d'or et de pierreries.

Ce sont évidemment ses poésies qu'il adresse

aux séculiers. On croit aussi reconnaître parmi ces derniers un clergiman, une grande dame du monde à la chevelure en tresses, à sa robe traînante, relevée sous son bras. D'autres personnages des deux sexes complètent ce groupe mondain.

## Gautier donnant d'autres avertissements aux mondains.

Gautier, dans son zèle pour la religion, ne s'était pas contenté de mettre sous les yeux du public les miracles opérés par la Sainte Vierge, il voulut aussi lui donner des avertissements salutaires, en lui présentant un traité moral sur la *doutance* de la mort et la brièveté de la vie. Voici en quels termes il nous l'apprend :

> Gautiers qui est de cors et d'âme,
> Sers à touz les sers Nostre Dame ;
> Cest livre où a mise sentente
> A touz ceus envoie et présente,
> Qui en cuer ont et en mémoire
> La douce Mère au Roy de gloire.
> Comme leur sers, comme leur frère,
> En Dieu et en sa douce Mère,
> Touz les salue doucement ;
> A jointes mains moult humblement,
> Leur déprie par amitié,
> Qu'à la Royne de pitié
> Qu'ele le consant prier veulent
> Por ce que en leur faiz l'accuellent.
> Un pauvre ditié leur envoie
> A chascun prie qu'il le voie
> Des yeux du cuer et de la teste.
> Oes qui cist amoneste.

*<br>* *

Gautier, gravement assis sur une estrade au

milieu de ses auditeurs auxquels il adresse ses
remontrances austères, appuie sa main gauche
sur la tranche d'un gros livre, orné de fermoirs
ouvragés. Il lève la main droite comme un homme
pénétré et qui donne des avis de la plus haute
portée aux personnes debout devant lui et recueil-
lant attentivement toutes ses paroles. On distingue à leur costume que ce sont des personnes du
grand monde, celles qu'on appelait à cette époque
damoiseaux et damoiselles. Le fond quadrillé de
la miniature est occupé par de petits carrés très
variés de couleur et encadré d'arabesques très
fines et très gracieuses.

## De la chasteté aux Nonnains.

Outre la doutance de la mort et la brièveté de la vie, Gautier de Coincy avait composé un autre traité moral intitulé : *De la chasteté aux Nonnains.*

C'était une exhortation que le prieur de Vic-sur-Aisne avait adressé aux religieuses bénédictines de Notre-Dame de Soissons pour les engager à garder la continence qu'elles avaient vouée à Dieu. Il leur indique, comme moyen, la fuite et le mépris du monde ; leur rappelant le sacrifice qu'elles ont fait de leurs biens, de leur famille et de leur blonde chevelure ; puis chérir la vie du cloître, rentrer souvent en elles-mêmes, étudier la vie des saints et surtout celle de la sainte Vierge, miroir des âmes pures et innocentes, ou celle de sainte Madeleine, la guide des âmes pécheresses et pénitentes.

Après quoi le poëte exalte la virginité. Les religieuses sous leurs voiles tutelaires ressemblent à des fleurs d'été qui doivent toujours craindre les frimats de l'hiver ; semblables aux humbles violettes qui ne croissent ni dans le fumier ni dans la boue ; mais sur le penchant des

collines ou sur le sommet des montagnes, cette
vertu ne pousse bien que dans les cloîtres, ter-
rain où croît et se développe la plante de la
virginité.

Aussi leur récompense sera grande, au lieu de
cette chétive chevelure qu'elles ont sacrifiée, une
couronne d'or, semée de pierres précieuses, cou-
vrira leur tête. Gautier termine en se recommandant aux prières de cette sainte et illustre communauté.

*<br>* *

La miniature qui figure cette scène édifiante
laisse voir sur un fond rose pâle, orné de lignes
en damier, semé de fleurons, sous l'arcade sur-
baissée d'une chapelle, un abbé tenant une crosse
de la main gauche et dirigeant la main droite vers
un groupe de religieuses toutes à genoux et
revêtues de leur cape noire pour écouter l'illustre conférencier qui leur adresse la parole. C'est
assurément Gautier de Coincy, qu'on a voulu
représenter sous ce costume.

## Prière de Gautier adressée à Marie à la fin de son ouvrage.

Arrivé au terme de son travail, malgré les contretemps que lui avait occasionné sa mauvaise santé, Gautier s'empresse de remercier la vierge Marie à laquelle il avait consacré sa vie, ses loisirs et ses labeurs. Aussi le voit-on ici, les mains jointes et à genoux aux pieds d'une statue de la mère de Dieu, assise sur une estrade, tenant l'enfant Jésus dans ses bras et semblant lui dire :

> A la fin de cest livre où j'ai pené iour maint,
> Saluer vueil la Dame où toute douceur maint.
> A sa douceur deprie doucement que tant m'aint,
> Que bone fin me doint et que m'ame ou ciel maint.
> *Amen. Amen. Amen.*

C'est là ce que montre notre miniature représentant le moine en prière dans l'intérieur d'une chapelle ogivale, dont les parois des murs et les arcades sont peintes couleur d'azur avec les pleins en rose accompagnés de lignes rouges. Le fond traversé de doubles lignes en damier servent à former des carrés alternés, garnis de quatre feuilles et de croix fleuronnées posées en échiquier.

Rien de plus simple et à la fois de plus nourrie que cette ornementation pour l'intérieur des églises. Il suffirait de savoir approprier ces décorations simples, si bien entendues du Moyen-Age, pour créer encore aujourd'hui dans nos temples des merveilles d'embellissements.

A nous de suivre en présence de nos beaux spécimens, ces sages préceptes qu'Horace donnait aux littérateurs de son temps :

> « *Vos exemplaria Greca*
> » *Nocturna versate manu, versate diurnâ.* »

## Gautier envoie son livre à l'abbé de saint Eloi de Noyon.

Gautier ayant terminé son livre l'envoie au bon prieur de saint Blaise, dom Robert de Dive, son ami, devenu abbé de saint Eloi de Noyon, en 1230.

Envoyer son manuscrit à cet abbé si pieux, si grand serviteur de Marie, qui n'avait cessé de le presser de hâter cette composition, était une bonne fortune pour son ouvrage ; personne ne devant le lire plus volontiers. L'espoir du poëte allait même plus loin : il comptait bien que cet ami copierait son livre et qu'il l'ornerait de ces délicieuses miniatures qui donnent aujourd'hui un si grand prix à nos anciens manuscrits.

Le prieur de Vic commande donc à son livre de partir pour Noyon où existait, sans aucun doute, un de ces ateliers de peintures qui ont laissé à la France et au monde entier tant de chefs-d'œuvre de patience et de talent ; et, Robert passait à bon droit pour être le directeur et l'âme de cette école artistique d'après notre poëte qui dit de lui :

Quar né connois certes nului
Plvs volontiers de lui le lise,
Ni qui plustôt le contrescrive ,
Ne qui miès (mieux) le sache atourner,
Flourir, ne paindre, n'aourner.

Toutefois la transcription faite le livre devait partir. Il devait aller trouver les rois et les reines, les ducs et les duchesses, les comtes, les comtesses, les abbés, les abbesses, les moines et les religieuses ; enfin tous ceux qui avaient quelque dévotion à Marie.

*
* *

La miniature nous montre sous une arcade polylobée deux religieux, l'un assis confie à un envoyé un livre orné de riches fermoirs, en lui faisant quelques recommandations. Ce même messager, arrivé sans doute au terme de son voyage, remet à un autre religieux du même ordre, debout sous une arcade cintrée, ce même volume en lui communiquant à son tour les ordres qu'on lui a donnés à son départ. Il est facile de reconnaître ici l'envoi de Gautier à son ami Robert de Dive. C'est-à-dire la transmission et la réception du précieux et tant désiré manuscrit.

## Invention des Reliques de sainte Léochade
## de 658 à 667.

Dans sa solitude de Vic-sur-Aisne, Gautier n'avait pas seulement versifié les miracles de la sainte Vierge, il avait aussi composé un poëme en l'honneur de sainte Léochade, dont les reliques avaient été déposées dans la chapelle du château.

A cette occasion le poëte avait narré la vie et le martyre de la sainte à Tolède, son pays d'origine. Son corps, d'abord inhumé en dehors de la ville, avait été transféré, peu de temps après, dans une église élevée en son honneur, et cette translation avait donné lieu à un nombreux pèlerinage qui se faisait au tombeau de la sainte où on venait prier surtout le 9 décembre à l'occasion de sa fête.

Un jour que saint Hyldefonse, archevêque de Tolède, s'était approché du lieu où reposait la sainte, il voit tout-à-coup le cercueil s'ouvrir, l'église éclairée d'une lumière éblouissante et la sainte couronnée de gloire se dresser toute droite dans la fosse, d'où s'exhale un parfum d'une suave odeur.

A cette vue, l'archevêque se précipite vers la

sainte qu'il veut saisir dans ses bras en entonnant une antienne qu'il avait composée en son honneur. Mais la sainte lui échappe. A peine s'il parvient à s'emparer de l'extrémité de son vêtement dont il coupe une parcelle qu'il fait richement enchasser dans un vase de vermeil.

*<br>* *

C'est la scène que nous représente notre miniature. On y voit saint Hyldefonse, agenouillé en habits pontificaux, mître en tête, revêtu de la *cappa magna*, saisissant de ses deux mains l'extrémité de la robe de la sainte qui a soulevé elle-même la dalle de son tombeau et se dresse toute debout dans l'attitude d'une véritable apparition. Derrière l'évêque, des spectateurs étonnés, en avant desquels on aperçoit le roi d'Espagne Recessidius, portant la couronne d'or fleurdelysée, et au cou comme plastron une gorgette palmée, étendant les mains, en signe d'admiration. Cette scène, mouvementée de personnages nombreux, se détache sur un fond quadrillé d'or semés de simples traits en zigzags recroisetés.

## Vol des Reliques de sainte Léochade.

Au VIIIe siècle de 797 à 815, lors de l'invasion des Maures, les reliques de sainte Léochade furent transportées de Tolède en France. Une partie de ce corps précieux fut déposée dans l'abbaye de Saint-Médard de Soissons, puisque l'on voit en 841, Charles-le-Chauve, en compagnie des évêques et des seigneurs de sa cour, transférer les corps saints de l'église souterraine dans l'église supérieure que Louis le Débonnaire avait fait rebâtir, après son pèlerinage de 827. Nithard, présent à cette solennité, nous apprend qu'entre les vingt-six corps saints que possédait l'abbaye celui de sainte Léochade était le treizième.

Mais il paraît, d'après les chroniques du couvent, qu'en 1194 ou 1196, les religieux de Saint-Médard, sans doute pour augmenter l'importance de Vic-sur-Aisne où ils avaient déjà un fort château et de grandes propriétés dans les environs, songèrent à enrichir des reliques de sainte Léochade, le prieuré qu'ils y avaient érigé.

Nous avons dit que Gautier de Coincy, en avait été nommé prieur en 1214. Mais quelques années après, en 1219, des voleurs enlevèrent de la chapèle, pendant la nuit, la châsse de la sainte, sans doute dans le but de s'en approprier les riches ornements et les perles précieuses dont elle était ornées.

*<br>* *

C'est ce larcin nocturne que retrace notre image. On y voit sur un fond rose coupé de lignes symétriques dont les petites divisions sont occupées par des quatre feuilles, se détacher une jolie chapelle gothique dont la porte entr'ouverte, armée d'un marteau et de gracieuses pentures, laisse voir un homme qui en sort portant sur ses épaules une belle châsse imbriquée et émaillée. Cet homme s'avance vers une barque où un de ses complices s'apprête à la recevoir dans sa nef amarée au rivage.

Il est visible que cette miniature reproduit parfaitement la scène de l'enlèvement et le dépôt qu'on va en faire dans la rivière d'Aisne et dans laquelle on retrouvera tout-à-l'heure les reliques et la châsse dépouillée de ses précieux ornements.

## Les las ou complaintes de Gautier.

On n'aura pas de peine à comprendre combien fut vive la douleur de Gautier, quand il apprit le vol sacrilège des reliques confiées à sa garde, arrivé pendant son absence. A l'en croire, toute la population de Vic-sur-Aisne, jusqu'aux plus jeunes enfants, fut sensible à cette perte et l'on y fut dans la tristesse pendant plusieurs jours.

Le bon prieur de Vic-sur-Aisne était doué d'une trop grande sensibilité pour ne pas se rendre l'interprète de cette légitime émotion. Il composa donc, à cette occasion, et comme pour soulager sa douleur, des chants pieux en forme de complainte où il déplore avec amertume la perte malheureuse qu'il vient de faire. Il y peint d'une manière touchante la désolation des pauvres malades auxquels on a enlevé leur bienfaitrice. Pour lui en présence de ce déplorable accident, il ne pouvait que pleurer, gémir et se morfondre dans sa douleur.

*
* *

Le petit tableau suivant exécuté sur fond d'azur, quadrillé d'une double ligne d'or, semé de croix de saint André, apostées de points, rend parfaitement cette situation affligée du bon religieux. Là, sous une double arcade, séparée par un fût de colonnette du genre de celles qu'on qualifie d'incomplètes, parce qu'elles sont sans chapiteaux et se composent de simples moulures ; on aperçoit un moine assis dans sa douleur, la figure remplie de tristesse, les mains abattues en signe de chagrin. On dirait le prophète des lamentations, en présence des malheurs et des ruines qui menacent son peuple.

On n'a pas de peine à reconnaître ici le prieur dom Gautier se livrant tout entier à sa douleur, et sous la seconde arcade, un jeune religieux, les regards inquiets, un livre à la main, partage silencieusement, sous les voûtes d'un cloître, les mélancoliques émotions du poëte.

## La recouvrance des Reliques.

Heureusement la douleur de Gautier ne fut pas de longue durée. Quelques jours après le vol et le bruit qu'il avait fait, le prieur retrouvait les reliques dans un endroit de la rivière d'Aisne où les saints ossements étaient venus échouer avec ou sans la châsse qui, d'après le récit du poëte, avait été brisée et mise en pièce, pour en arracher les ornements précieux qui la garnissaient. Peut-être cependant qu'au lieu d'une destruction complète faudrait-il n'y voir qu'un dépouillement des lames d'or et d'argent qui l'enrichissaient à l'extérieur, sans qu'on ait songé à l'anéantir entièrement. Ce qui aurait permis au clergé d'en faire la reconnaissance dans une châsse différente de la première qui aurait été gravement endommagée et privée de son étage supérieur.

Ce qui tendrait à le prouver et à montrer qu'elle était hors d'état de servir, c'est qu'on fut obligé d'enchâsser la tête de la sainte dans un buste d'argent émaillé d'un fin or.

*
* *

Notre miniature nous montre sur un fond en damier très riche et multicolore, profilant des intersections, ornées de rondelles, semées de petites croix, accostées de traits anguleux, le prieur Gautier accompagné de ses moines et de ses clercs arrivant sur le lit desséché de la rivière où se trouve une châsse imbriquée avec fenestration et oculus. Il se baisse avec une joie inquiète pour examiner les ossements sacrés.

Cette reconnaissance qui se fait au milieu du silence anxieux des spectateurs va donner lieu on le devine à la joie la plus vive. Car là, tandis qu'un clerc portant une croix fleuronnée indique du doigt à ses compagnons le résultat de cet examen, les choristes, placés en face, ouvrent leurs livres modulés et s'apprêtent à chanter.

# Prière à sainte Léochade

Bien i pert, virge chiere
Que pour tes amis veilles,
Dex fait par ta prière
Miracles et merveilles.
Nus en pélérinage
Ne vient à ta chapèle
N'i perde son malage
Se de bon cuer t'apèle.

Deus foiz, virge sacrée
Nous a été ravie :
N'en pues estre portée
Quar il ne te plest mie.
Tu aimes la contrée ;
Fresche rose espanie ;
Quar moult ies amée
Honnourée et servié.

Virge, par la requeste,
Consaut le roys de gloire
Touz ceux qui font ta feste
Et qui t'ont en mémoire !
Déprie au roy célestre
Qu'il gart, par sa puissance
Cest pais et cest estre
De toute mésertance.

***

Cette pièce intitulée comment sainte Léochade défendit par la prière tout le pays de la foudre, nous indique clairement le sujet de la miniature, représentant sur un fond d'azur, coupé cette fois de lignes d'or, placées en diagonales et dont les carrés sont occupés de croix accompagnés de petits traits, un religieux agenouillé et les mains jointes aux pieds de la vierge martyre. Celle-ci la tête ornée d'un large nimbe d'or, la main droite levée et portant de la gauche une palme dorée, est revêtue d'un manteau rouge laissant entrevoir une robe bleue. Derrière la sainte un buisson d'épis de blé planté de toute sa hauteur.

D'après le titre et la miniature, on est donc autorisé à croire que la foudre et surtout les orages qui détruisent les moissons étaient des fléaux assez fréquents dans ce pays de Vic. Ce qui engageait Gautier à en demander la préservation pour le lieu qu'il habitait.

# Les Miracles de Notre-Dame de Soissons

## De l'enfant ravi en Avision

En 1128, un terrible fléau, le Mal des Ardents, affligeait le Soissonnais. En présence de cette ma_ ladie épouvantable qui défiait tous les remèdes humains : on eût recours à la sainte Vierge. Les malheureux atteints de cette épidémie accouraient en foule à Notre-Dame de Soissons où existait déjà depuis plusieurs siècles un célèbre pèleri- nage.

Parmi les affligés qui affluaient dans l'église de la vieille abbaye, se trouvait un jeune enfant de 11 ans, natif de Vaux-Audigny, canton de Vic-sur- Aisne, qui fut subitement guéri. Mais attaqué de nouveau et d'une manière plus intense il y fut ramené une seconde fois. Il y reçut la même grâce ; et de plus ravi en extase, il déclara avoir vu la sainte Vierge, prosternée devant le trône de son fils, demandant et obtenant l'éloignement du fléau. Il prédit également sa mort prochaine, laquelle arriva, en effet, trois semaines après, dans son hameau et quand il jouissait d'une pleine santé. En rendant son dernier soupir on avait vu son visage briller d'une clarté extraordinaire, au point de paraître aussi beau qu'un ange.

*<br>* *

Miniature. —Dans l'intérieur d'une chapelle ou dans la nef d'une église dont le toit en bardeau repose sur une simple colonnette, surmontée de deux arcades en anse de panier, on remarque sur un fond d'azur, chargée de lignes d'or, formant des damiers, semés de divers motifs, d'une riche et luxueuse ornementation, une femme agenouillée près de son jeune fils, assis sur la dalle et montrant son pied malade à un religieux qui l'exhorte à la confiance. Derrière le moine un autel sur lequel est placée une statue de la sainte Vierge nimbée et couronnée, portant son fils sur ses genoux, celui-ci orné d'un nimbe crucifère.

## Le Bouvier puni et guéri.

Un bouvier nommé Boson, serviteur d'un seigneur Soissonnais, homme d'un caractère bizarre et aussi entaché de mécréance, avait cependant l'habitude de fréquenter l'église Notre-Dame à certaines fêtes. Un jour qu'il revenait d'y faire ses dévotions, entendant ses compagnons parler assez légèrement du saint soulier, il s'associa à leur langage.

Mais il en fut aussitôt puni. Car au même instant on vit ce malheureux faire des contorsions effrayantes. Ses compagnons prirent le parti de le reconduire à Notre-Dame et de raconter l'accident qui venait de lui arriver ; tandis qu'avec des larmes et des cris épouvantables cet infortuné implorait la mère de miséricorde.

L'abbesse Mathilde accourut à ce bruit, s'empressant de porter les premiers soins au pauvre affligé ; puis, après d'instantes prières, elle prit le saint soulier avec lequel elle fit sur lui le signe de la croix. Aussitôt l'enflure de son visage cessa et le mal disparut instantanément.

Touché d'un si grand bienfait, Boson voulut

par un sentiment de reconnaissance se donner à l'abbaye.

*<br>* *

Miniature. — Sur un fond d'azur parsemé d'arabesques, que couronne un cintre et un fronton à crochets figurant un intérieur d'église, on aperçoit une religieuse bénédictine, revêtue d'une longue robe noire, surmonté d'un camail ou froc, faisant avec le saint soulier le signe de la croix sur la figure du bouvier. Près de lui se tient un jeune garçon, assis comme lui sur les marches de l'autel, près de l'abbesse et comme l'accompagnant, trois autres personnes, dont un vieux prêtre, attendent étonnées l'effet de l'opération miraculeuse.

## De la fame qui recouvra son nez.

Cette femme qui s'appelait Gondrée, habitait
le village d'Audignicourt, dans la vallée de Mor-
sain, entre Vic-sur-Aisne et Blérancourt. Gondrée était venue à Notre-Dame pour être délivrée
du feu sacré qui lui avait brûlé toute la figure et
les chairs du nez. Elle y obtint sa guérison ;
mais sans que la difformité disparut.

Rebutée de tout le monde et même de ses
proches à cause de l'horreur que sa vue inspirait,
la pauvre femme se couvrait le visage d'un linge
mouillé. Mais cette précaution ne la rendant pas
moins repoussante, surtout à cause de la puanteur qu'exhalait sa plaie, elle résolut d'acheter
une chandelette pour la porter le lendemain à
Notre-Dame. Néanmoins elle s'était couchée fort
triste ; mais pendant son sommeil la Vierge
Marie étant descendue près de son lit l'avait
touchée de sa main céleste et complètement
guérie :

> Si li refait nouvelle bouche ;
> Et à ses doiz blans et souez,
> Lui fait et forme un si biau nez,
> Et tout le vis si li refait,
> Qu'assez plus bèle et miex faite
> Conques devant n'avait esté.

*<br>* *

C'est cette guérison merveilleuse que constate notre miniature. Sur un fond d'or chargé d'enroulement et d'arabesques aussi en or, la sainte Vierge, environnée d'anges, aux ailes éployées, à la blonde chevelure, touche de sa main droite la figure d'une femme couchée sur un lit à traiteau ou à montants peints en vert. Une simple couverture de couleur rose fanée, doublé de vert, enveloppe la malheureuse femme. L'encadrement du tableau, quoique des plus simples, ne manque pas de grâce.

## 41

### Guérison de Robert de Jouy.

Un fait semblable à celui de Gondrée se passait en 1132 en faveur de Robert de Jouy, canton de Vailly. Attaqué d'un mal fort dangereux au pied qui l'empêchait de marcher et dont l'enflure amena un apostume d'où il sortait une puanteur extraordinaire. Ce malheureux s'en vînt à Notre-Dame de Soissons dans l'espoir d'y être guéri. Mais contre son attente il se vit obligé de vider les lieux tant l'odeur fétide qui s'exhalait de sa plaie était insupportable.

Ainsi rejeté, ce malheureux s'en allait tristement à travers la ville s'appuyant sur ses béquilles, jetant force larmes et réclamant à grands cris le secours de la Vierge Marie. Sa prière fut exaucée, car de retour à Jouy, et pendant qu'il dormait, la Vierge lui apparut et le guérit entièrement de son mal.

> Le malade assiet en son lit,
> D'une main le chief li soastient
> Et à l'autre le pié li tient ;
> Lorsque sa main polie et sade
> Touché li a au pié malade
> Touz est sané.....

*<br>* *

**Miniature.** — Sur un fond d'azur en damier,

semé de quatre feuilles lancéolées, apparaît de nouveau la Vierge couronnée et nimbée, accompagnée de plusieurs jeunes vierges auréolées dont l'une d'elles, la première, tient de ses deux mains un gros cierge comme pour éclairer la scène. Sur un lit assez ample et orné d'un coussin à carreau et d'une longue couverture gît le malade que Marie relève d'une main sur son séant, tandis que de l'autre elle lui touche le pied qui paraît démesurément enflé. C'est le moment de la guérison du malheureux Robert.

## De la fame de Laon délivrée du feu.

Le sanctuaire de Laon ne fut pas moins célèbre que celui de Notre-Dame de Soissons en fait de miracles qui sont aussi en grand nombre. Gautier en rapporte deux que nous reproduisons d'après lui.

En 1096, un crime horrible se commettait à Chivy, dans la banlieue de Laon. Une femme nommée Théodeberte avait fait assassiner son gendre parce qu'on l'avait méchamment accusée d'inceste avec lui.

Au moment des funérailles, le vidame de Laon ayant constaté une mort violente, fit arrêter toute la famille. Mais Théodeberte s'étant reconnue seule coupable, fut condamnée à être brûlée vive. On la conduisait au supplice lorsqu'étant entrée dans l'église Sainte-Marie de Laon pour y prier, elle y avoua publiquement son péché en se recommandant à la Sainte Vierge.

Arrivée à l'endroit de l'exécution on l'attacha à un poteau ; puis on mit à deux reprises différentes le feu aux matières combustibles que l'on avait amassées autour d'elle. Mais la flamme les consuma ainsi que ses liens sans endommager ni sa chevelure ni ses vêtements, la laissant complètement libre au milieu d'un brasier ardent.

*<br>* *

La miniature du manuscrit montre en effet l'infortunée Théodeberte attachée par les mains à une colonne ogivale appartenant à une construction assez élégante. La pauvre femme, les cheveux pendants et revêtue d'une longue robe traînante est environnée de flammes ardentes qui se dressent et rayonnent autour d'elle comme autant de serpents. Cependant sa figure est calme et résignée, de nombreux spectateurs étonnés de ce prodige la considèrent avec un vif sentiment de commisération. Le vidame lui-même semble indiquer du doigt le miracle qui s'opère et exprimer un sentiment d'admiration en présence de ceux à qui il s'adresse.

## Comment li orfevres fu renluminez.

En 1111, la cathédrale de Laon fut incendiée ainsi que plusieurs églises adjacentes. Pour la rebâtir on dut avoir recours à des quêtes qui se firent en France et à l'Étranger. Après un premier voyage qui fut des plus heureux, les chanoines, toujours accompagnés de la châsse qui renfermait les reliques sauvées de l'incendie, partirent pour l'Angleterre à travers la Picardie et l'Artois.

Arrivés à Arras, un homme âgé et privé de la vue depuis plus de 10 ans, apprenant qu'on venait d'apporter dans la ville les reliques de l'église de Laon, s'informa qu'elle était la forme de la châsse qui les contenait, et aussitôt qu'on lui en eut fait la description, il s'écria en pleurant que dans sa jeunesse il y avait travaillé par ordre de l'évêque Elinand ; et après avoir passé la nuit en prière près de la châsse, il recouvra la vue en se frottant les yeux avec l'eau dont on avait lavé les sanctuaires ou reliques.

*
* *

Notre miniature représente cet ancien orfèvre d'Arras devenu aveugle et conduit par un jeune enfant vêtu de rouge. Tous deux s'avancent un bâton à la main, le vieil orfèvre s'appuyant sur son conducteur, porte un surcot gris cendre avec pèlerine et une espèce de capuchon que recouvre un chapeau à rebord.

Les deux visiteurs s'approchent de la châsse qui est placée sur un autel portatif couvert d'une longue draperie pendante. Ce reliquaire, artistement travaillé et tout resplendissant d'or et d'émaux, est un véritable objet d'art, offrant l'image d'une église avec ses nefs, ses toits imbriqués, sa fenestration. Un chanoine, en chappe avec fermoir d'or, fait la monstrance de la châsse qu'on a déposée dans l'intérieur d'une église polychromée or sur fond d'azur.

## De la pucèle d'Arras, à qui Notre-Dame s'apparut.

Vers 1105, une jeune fille de la riche cité d'Arras, étant un jour à se promener dans le jardin de son père, aperçut tout à coup à côté d'elle une dame majestueusement vêtue qui se révéla à elle comme étant la mère du Fils de Dieu. L'enfant d'abord intimidée s'enhardit jusqu'à lui demander pourquoi elle a daigné lui apparaître.

Alors la Vierge lui annonce que par une grâce toute spéciale elle l'a choisie pour être une de ses pucèles ; mais que pour répondre à cette faveur elle doit être aussi pure que la rose, fuir les vanités du monde et conserver la fleur de sa virginité.

La vision ayant disparue, la jeune fille s'en retourna toute joyeuse chez ses parents sans leur rien révéler de cette merveilleuse aventure. Parvenue à l'âge nubile, malgré ses refus obstinés et la révélation qu'elle fait de son engagement envers Marie, on la force de se marier. Dans sa douleur, la jeune fille s'adresse à la sainte Vierge, qui, à l'aide d'une maladie horrible, la délivre du danger qu'elle court de perdre son innocence et d'être infidèle à sa promesse. Toutefois ramenée à l'église Notre-Dame elle y fut complètement guérie.

*
* *

La miniature représente cette apparition dans un jardin entre deux arbres verts, deux hyebles et un palmier. La reine du ciel couronnée et nimbée d'or, tenant à la main un livre à fermoir, très élégamment drapée dans un espèce de manteau antique, bleue à revers rouge, porté sur une robe d'un jaune clair, se montre à une jeune fille de 12 à 15 ans, à la blonde chevelure, vêtue d'une robe verte et surcot rouge sans manche. Le champ de la miniature présente un fond doré sur lequel sont dessinés, au moyen de lignes horizontales et verticales en noir une espèce de grille dont les vides sont occupés par des petits boutons rayonnants, de couleur pourpre et blanche alternée.

## Le miracle Notre-Dame d'Orléannais.

Dans un château des environs d'Orléans, le peuple venait de construire à ses frais une nouvelle église en l'honneur de la sainte Vierge. On avait placé sur l'autel une belle image de Marie qu'on vénérait avec une grande dévotion. Mais le démon, travaillé par une infernale jalousie, ne tarda pas à susciter une terrible guerre contre ce peuple qu'il voulait anéantir.

A la vue d'une armée formidable qui venait assiéger leur ville, et dans la crainte de ne pouvoir soutenir l'attaque, les habitants se transportèrent à l'église d'où ils détachèrent l'image pour la planter sur le rempart du château à l'endroit même où devait se donner l'assaut. Un combat acharné s'engage en face de l'image qui reçoit un trait d'arbalète dans le genou, laissant voir le sang qui jaillit de la blessure.

Ce prodige rend un nouveau courage aux assiégés qui repoussent l'ennemi en lui faisant essuyer une perte énorme. Les assiégeants effrayés de leur côté par cet événement se prosternent devant l'image sainte, la reconduisent à l'église avec honneur en la comblant de riches présents.

*<br>* *

La miniature reproduit d'une manière frappante ce petit drame guerrier. Sur un fond losangé d'or et d'azur, semé de fleurs de lys blanches, se détache une vaste construction militaire surmontée d'un maigre donjon, espèce d'échauguette ou de lanterne à jour très élevée. Des soldats armés de toutes pièces se dressent sur les murs crénelés. L'un d'eux, vêtu d'une tunique brochée de lions lampassés, tient suspendu sur le glacis du rempart le tableau de la Vierge. Au bas du rempart, un groupe de cavaliers, bardés de fer, armés de boucliers et de lances, s'avance au galop. Leur chef montrant du doigt la blessure faite à l'image miraculeuse.

## Du fils au juif de Bourges délivré du brasier.

Un juif qui habitait Bourges avait un jeune enfant très aimé de ses camarades et qui allait souvent à l'école avec eux, malgré les mauvais traitements que lui faisait subir son père. Un jour l'enfant ayant vu plusieurs de ses compagnons recevoir la sainte communion, s'approcha de l'autel et communia avec eux.

De retour chez lui, son père apprenant ce qu'il vient de faire, entre dans une violente fureur et le précipite dans un four à vitre alors en pleine activité.

A ce spectacle, sa femme échevelée, folle de désespoir, s'élance dans la rue appelant au secours : à ses cris désespérés on se précipite en foule dans la maison du verrier ; on s'empresse d'ouvrir le four où l'on trouva l'enfant tranquillement assis sur un brasier incandescent, sans aucune lésion ni brûlure. L'enfant déclare alors que la dame qu'il a vu le matin à l'église l'a préservé dans la fournaise en l'enveloppant dans son manteau.

*<br>* *

Le miniaturiste a saisi le moment le plus dramatique de ce fait touchant, celui où le juif, vêtu d'une tunique rouge, l'œil hagard et insensible, jette, à l'aide d'une pelle, dans son four, son jeune fils, revêtu d'une robe bleu. A voir cet enfant à la blonde chevelure, au regard plein de douceur, les mains appuyées l'une sur l'autre, on dirait un petit ange tranquillement assis dans les flammes. Plus loin, sous une entrée de maison, une femme se précipite au dehors en s'arrachant les cheveux, en jetant, dans sa fuite, un regard de colère et des paroles de malédiction au bourreau de son fils. Un fond en damier bleu rose et or rempli le champ du tableau dans la partie qui n'est pas occupée par des personnages ou des constructions.

## De Gérard de Bourgogne allant à Saint-Jacques en Gallice vers 1160.

Saint Hugues, de Cluny, et Guibert, de Nogent, rapportent qu'un riche seigneur de Bourgogne avait résolu de faire le voyage de Saint-Jacques de Compostelle ; mais, la veille de son départ, il commit une faute grave qu'il n'eut pas le courage de confesser, malgré les remords qui l'agitaient.

S'étant mis le lendemain matin en route avec ses compagnons, il fit la rencontre d'un démon qui lui apparut sous la figure de saint Jacques, lui persuadant, pour effacer son péché, de prendre son épée et de se la passer à travers la gorge. Gérard, sans défiance et croyant à la parole d'un envoyé du ciel, exécuta l'ordre impie de Satan, tandis que ses compagnons effrayés s'enfuient dans la crainte de passer pour ses assassins.

Le démon se saisit alors de cette âme coupable et l'emporte dans son empire ; mais saint Pierre et saint Jacques s'opposent énergiquement à cette résolution, et Marie qu'on a choisie pour arbitre de ce litige, décide que Gérard, ayant péché par ignorance et trompé par la ruse du démon, son âme pourra revenir habiter son corps et faire pénitence de ses fautes. C'est ce qui arriva; car Gérard, soudainement guéri, se rendit à l'abbaye de Cluny où il servit Dieu le reste de ses jours sous l'habit monastique.

*<br>* *

Miniature. — Sur un fond d'azur semé de fleurs de lys d'or sans nombre, et le long d'un chemin où croissent quelques plantes d'hyebles au feuillage vert noir, paraissent quatre personnages, l'un vêtu d'une espèce de manteau vert sombre, ayant les pieds nus comme un apôtre ; mais laissant voir un corps velu et portant une barbe et des cheveux bouclés, surmontés de deux cornes rouges verticalement plantées sur sa tête, un bâton à pommeau à la main. C'est le démon déguisé en pèlerin de Saint-Jacques ; près de lui un homme habillé d'une tunique rouge et d'un surtout rose pâle, se perce la gorge de son épée et laisse échapper son bourdon de voyage. Deux de ses compagnons, la tunique ramassée sur leurs reins, *Accinge lumbos tuos*, considèrent cet événement avec effroi.

## Du Clerc de Chartres et de ses cinq roses.

Un clerc de Chartres, après s'être engagé dans les ordres sacrés n'en menait pas moins une vie sensuelle et mondaine tout en conservant, au milieu de ses égarements, la louable habitude de ne jamais passer devant une image de la sainte Vierge sans s'agenouiller avec larmes et témoigner de ses regrets pour sa conduite.

Or il arriva que cet infortuné pécheur fut mis à mort sans avoir donné aucun signe de repentance ; et le clergé ne crut pas devoir lui accorder les honneurs de la sépulture ecclésiastique. On l'enterra donc hors de la ville, dans une fosse destinée aux malfaiteurs.

Mais la sainte Vierge se souvînt du pauvre clerc, et apparaissant à un prêtre de la cité, lui ordonna d'avertir le clergé qu'il eut à pourvoir aux funérailles de son serviteur d'une manière convenable. Le chapitre s'étant rendu le lendemain au lieu où avait été inhumé le cadavre, il lui trouva le visage plein de fraîcheur, une langue vermeille et cinq roses nouvellement épanouies dans sa bouche.

*⁎*

La miniature représente le clergé sortant en procession de l'église et arrivant, précédé de la croix au lieu de l'inhumation. Un homme, armé d'une pioche ou d'une espèce de houe, est en train de creuser la terre et met à découvert la tête et la poitrine du clerc, jeté là sans honneur et même sans un suaire qui l'enveloppe ; mais laissant voir cinq roses rouges, placées près de sa bouche sur le bord de la fosse, au pied d'un arbuste orné de fleurs blanches, probablement un sureau, planté là sur le sommet d'un petit tertre.

Un grand nombre de clercs, dont plusieurs en chapes violettes et livres à fermoirs, assistent à cette exhumation.

Le champ du tableau offre un semis de larges damiers, dont les uns en or plein et les autres échiquetés de seize autres petits damiers alternés de diverses couleurs.

# La Chasuble de saint Bonet, évêque de Clermont.

Saint Bonet, évêque de Clermont, à la fin du VIIe siècle, fut un des serviteurs les plus dévôts à Marie. Un jour qu'il s'était rendu dans une église dédiée à saint Michel pour y passer la nuit en prières, il entendit, vers minuit, une délicieuse symphonie qui paraissait venir du ciel.

Bientôt la mélodie céleste s'était rapprochée du saint Évêque et l'église remplie d'anges qui venaient en chantant s'illuminait de flots de lumières. Soudain la Mère de Dieu, la tête ceinte du diadème royal, le visage resplendissant, s'avance majestueusement dans le temple, escortée par une foule de vierges accompagnant leur Reine toute étincelante de rayons de feu.

Sur un désir exprimé par la Vierge, que la messe soit célébrée, par son dévôt chapelain saint Bonet, les anges le revêtissent des plus riches habits, et après la messe achevée au milieu des cantiques et des chants les plus ravissants, la Vierge débonnaire se rend dans le chœur et fait don à l'évêque en récompense de sa piété et de son zèle à la servir depuis longtemps, de la magnifique chasuble avec laquelle il a officié; puis elle disparaît.

* *

Miniature. — Dans l'intérieur d'une petite église couverte en bardeau avec fond rose enroulé d'arabesques d'or, au pied d'un autel d'une grande simplicité, revêtue d'une nappe frangée et chevronnée de trèfles aux extrémités et surmontée d'une croix d'or à branches fleuronnées, on voit agenouillé, mitré et nimbé, un évêque, recevant une chasuble rose doublée de vert, des mains de la sainte Vierge qui est là debout, nimbée, portant la couronne d'or et revêtue d'une tunique marron clair et d'un manteau bleu à revers rouges. Deux anges, l'un en tunique rouge et l'autre d'un vert pâle, font l'office de céroferaire en tenant chacun un chandelier à la main.

## 59

## Du Ménestrel de Roc Amadour.

Le pèlerinage de Notre-Dame de Roc Amadour est un des plus anciens de la France. Déjà en vénération du temps de Charlemagne, puisqu'on y conservait la Durandal, la fameuse épée du célèbre paladin Roland, son neveu, il acquit une nouvelle illustration en 1140.

C'est vers cette époque que Pierre de Siglar, troubadour renommé, se rendit au sanctuaire de Notre-Dame de Roc Amadour. Sa prière terminée, le jongleur prend sa vièle entre ses doigts, et dans son inspiration artistique, faisant retentir la chapelle de ses plus doux accords, il demande à Marie, en témoignage que ses chants lui sont agréables, qu'un des cierges qu'il voit placé sur une estrade lui soit octroyé.

Soudain un de ces cierges, le plus beau, descend sur la vièle du ménestrel. Mais le gardien de l'église, attribuant ce fait merveilleux à un acte de magie, reprend le cierge et le replace sur l'estrade. Pierre de Siglar saisissant de nouveau à deux reprises différentes son instrument, fait entendre de ravissantes mélodies, et oblige le sacristain incrédule à lui laisser le cierge qui est

lescendu une troisième fois miraculeusement sur
la vièle du jongleur. Mais celui-ci en fait à son
tour un pieux hommage à la Vierge de ce sanctuaire béni.

*<br>* *

Miniature. — Fond en petits damiers roses et
bleus, formant des lignes diagonales très harmo-
nieuses à la naissance d'une arcade dont on
aperçoit les attaches, puis une planche ou estrade
sur laquelle sont placés les cierges, un autel en
porphyre ; au-dessus un dyptique en bois avec
volets et crochets sur le fronton. La Vierge
richement drapée, tient un lys de la main droite,
et de l'autre son fils sur ses genoux. Elle est
comme toujours nimbée et couronnée, tunique
bleue et manteau rose doublé de vert. A genoux
aux pieds de l'autel, tenant un instrument à
quatre cordes avec archet, semblable à nos violons
actuels. Trois personnages dans le fond du
tableau, l'un d'eux sans doute le sacristain, qu'on
croit reconnaître à son air inquiet et troublé
indique du doigt le musicien coupable sortilège.

## Du Prêtre et de l'Evêque.

Un saint prêtre, mais d'une ignorance profonde, fut un jour accusé devant son évêque comme étant incapable de remplir les devoirs de sa charge. L'évêque le manda devant lui et il lui interdit toutes les fonctions ecclésiastiques. Il l'obligea même à quitter son bénéfice. Le pauvre curé eut beau demander son pardon à l'évêque, il ne put l'obtenir. Il se vit même forcé de s'éloigner au plus vite du palais épiscopal.

Mais voici que vers le milieu de la nuit, lorsque l'évêque reposait dans son lit, la sainte Vierge lui apparut, en lui disant d'un air indigné que s'il ne rétablissait pas le lendemain son dévoué chapelain dans son grade, son âme serait précipitée en enfer avant trente jours. L'évêque effrayé de cette menace, se hatta de faire appeler le pauvre prêtre dès le matin et se jeta à ses pieds pour implorer son pardon.

* *

Notre miniature représente cette apparition nocturne de la sainte Vierge à l'évêque qu'on voit couché tout habillé dans son lit, sa mitre placée près de lui. La Vierge couronnée te nimbée, portant une robe bleue et manteau rose, accompagnée de deux autres vierges aussi nimbées d'or, s'incline comme pour réveiller doucement l'évêque plongé dans un profond sommeil.

Sur un fond composé de losanges d'or et d'azur avec fleurs de lys blanches, se détache dans la partie supérieure un arcature à plein cintre qui forme une décoration simple et gracieuse. Le lit de l'évêque n'a de montant que du côté du chevet et son ornementation fait supposer une grande modestie dans son ameublement.

## Du moine et du lion ou du moine que Notre-Dame déffendi du Déable.

Un moine très dévôt à la sainte Vierge, mais qui avait contracté dans son office de sacristain la malheureuse habitude de s'enivrer, se trouva un jour dans l'impossibilité de regagner sa cellule. Comme il entrait dans le cloître le démon se présenta d'abord à lui sous la figure d'un taureau furieux; puis sous celle d'un chien terrible; enfin sous celle d'un lion rugissant qui se précipite sur lui la gueule béante.

A cette vue le moine avait poussé des cris de détresse, et à chaque fois la Vierge était venue à son secours ; mais dans cette dernière circonstance, la Mère de Dieu s'apprêtait à frapper le démon en le menaçant de l'attacher au fond des enfers s'il ose revenir. A ces mots l'ennemi s'évanouit en fumée et la Vierge prenant le religieux avec bonté par la main le conduit à sa chambre. Cet attouchement merveilleux dissipa soudain son ivresse ; mais, honteux de sa faute, le malheureux n'osait adresser la parole à sa libératrice. Alors la Vierge le bénit et lui ordonne d'aller se confesser le lendemain à un moine du couvent qu'elle lui désigna.

*<br>* *

Miniature. — Entre toutes ces diverses circonstances d'un même fait, l'artiste a choisi celle où le moine gravit les marches d'un escalier et où un lion énorme, les yeux enflammés, la gueule entr'ouverte, les deux pattes appuyées sur la rampe, s'élance sur le religieux. Mais la Vierge nimbée et couronnée, revêtue d'une robe blanche et armée d'une espèce de serviette appelée *tovaille*, s'apprête à fustiger le lion dont elle a saisi la crinière. Là elle est seule, et contre l'habitude ne porte pas de manteau.

Tout cela se passe dans l'intérieur d'un cloître dont la voûte en caissons losangés reposent sur des colonnettes annelées avec chapiteaux feuillagés.

## Du Sacristain que Notre-Dame visita

Dans une de nos grandes abbayes se trouvait un frère convers, très dévôt à Marie et auquel on avait confié le soin de l'église. Ce frère, dans ses pieuses oraisons, demandait souvent à la sainte Vierge qu'elle voulut bien se montrer à lui.

Or, une nuit son désir fut réalisé, il vit tout-à-coup devant lui une dame plus brillante que le soleil, sa robe d'or battu jetait un éclat éblouissant, sa blonde chevelure surpassait l'éclat de l'or le plus fin, ses yeux resplendissaient comme des étoiles étincelantes, sa figure effaçait la splendeur de l'émeraude et du topaze, sa couleur vermeille et d'une finesse indéfinissable lui donnait une beauté ravissante. C'était un ensemble de grâces et de charmes inexprimables.

Le religieux, apercevant entre les mains de la sainte un livre magnifique, devina bien vite la nature de cette apparition ; et se jettant à genoux il la prie de lui dire ce que contenait ce livre. La Vierge ouvrant le manuscrit lui en montra le titre. C'était un ouvrage d'une exécution remarquable, un véritable chef-d'œuvre ; car depuis le commencement jusqu'à la fin du volume l'écriture était de vermillon mariée avec un fin or, les lettres étaient si *fremianz*, si bien tournez, si rianz, qu'il semblait que Dieu les eut faites de ses propres mains.

* * *

Cette miniature, une des plus jolies du manuscrit, représente, sur un fond d'or quadrillé, une belle chapelle ogivale avec pignon, contreforts et corniche élégante. Les parois des murs y sont teintées d'une douce couleur rose pâle. L'intérieur de la chapelle, décorée de ceps de vignes enroulés à feuillage doré. Dans le fond de l'édifice, divisé en quatre compartiments, on aperçoit un autel surmonté d'un *ciborium*, entre les deux arcades médianes, la Vierge debout ouvrant un livre, près d'elle, à genoux, les mains jointes, un moine en prière devant l'apparition : dans le haut des anges, tenant à la main des encensoirs d'or et leurs navettes, s'apprêtent à encenser la Reine du ciel.

## Comment Notre-Dame guari de son let un clerc

Un clerc, après avoir foulé aux pieds ses engagements sacrés, s'était livré à toutes les joies du siècle sans s'occuper de son âme. Cependant, au milieu de ses égarements, il n'était jamais passé devant une image de la Vierge sans la saluer et réciter à genoux un *Ave Maria*.

Etant tombé malade, il perdit connaissance et fut attaqué d'une horrible frénésie, mordant, dans sa rage, les personnes qui l'approchaient, se déchirant les mains et la figure, au point d'être méconnaissable.

On avait épuisé toutes les ressources de la médecine ; mais en vain, et l'on était dans la plus grande appréhension sur le sort du malade lorsqu'un jour, au milieu de ses plus cruelles insomnies, le clerc crut voir auprès de son lit un ange qui priait la sainte Vierge en sa faveur, lui représentant dans les termes les plus touchants, l'obligation où elle était de venir au secours d'un homme qui l'avait saluée et bénie tant de fois.

L'ange avait à peine formulé sa prière qu'une dame d'une beauté ineffable s'était approchée de son lit, arrosant de son lait sacré sa bouche et sa figure. Au même instant, le clerc s'étant éveillé, se trouva grandement soulagé et bientôt guéri.

*<br>* *

Miniature. — Sur un fond losangé, alterné d'or et d'azur, avec fleurs de lys d'or, on aperçoit un religieux couché sans vêtement, mais recouvert d'une draperie couleur rose et revers jaune pâle et la tête sur un coussin. La sainte Vierge couronnée et nimbée, portant une robe rose, manteau bleu doublé de rouge, se présente devant le malade endormi, tenant d'une main sa tête et de l'autre pressant son sein d'où s'échappe le jet de lait qui va le guérir. Deux autres vierges, vêtues des mêmes couleurs, la palme blanche à la main et le cercle d'or sur la tête, accompagnent leur souveraine et se tiennent debout pendant cette opération miraculeuse.

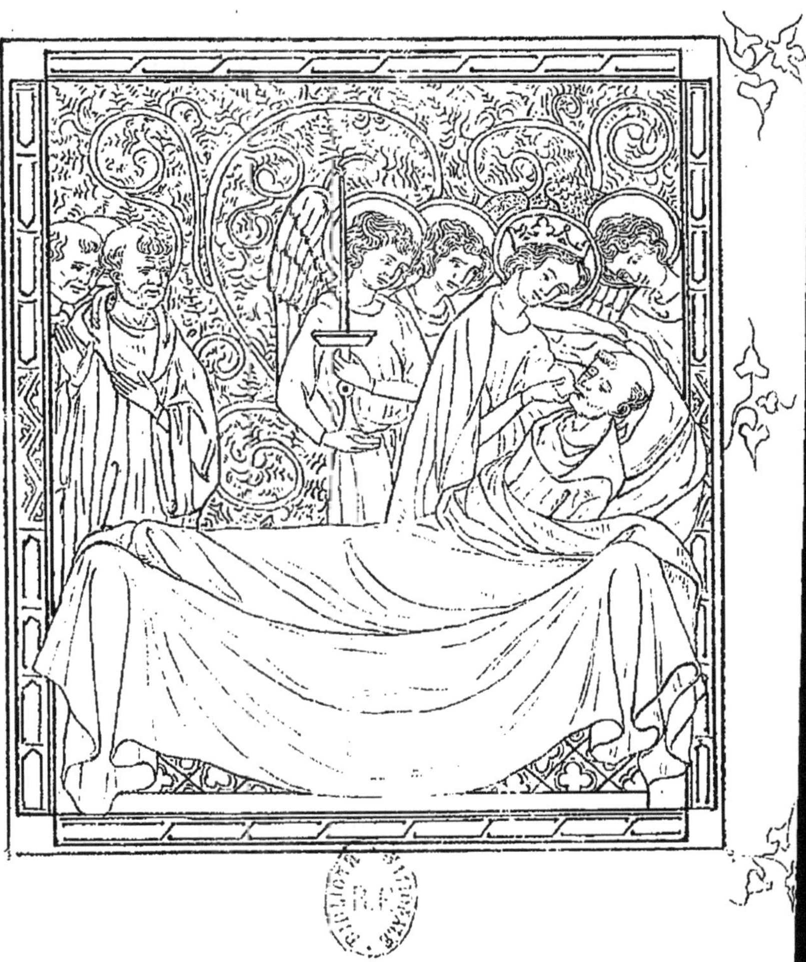

## Du moine que Notre-Dame guari de son let

Un autre moine, grand serviteur de Marie, fut aussi atteint d'une grave maladie. Le mal fit des progrès si rapides, qu'en peu de temps, le bon religieux sentit son visage se couvrir de plaies hideuses. Un jour on l'avait trouvé si affaibli qu'on lui avait administré les sacrements sans être sûr qu'il vécut encore. Croyant qu'il était passé de vie à trépas, on lui avait déjà baissé le capuchon sur la figure et on disposait tout pour les funérailles.

Mais, lorsque les religieux vinrent pour l'ensevelir, ils le virent, à leur grand étonnement, se lever de son lit et leur raconter qu'une dame plus gracieuse qu'une fleur épanouie, plus vermeille qu'une rose et plus fraîche que la rosée de mai lui avait apparu, qu'elle s'était appuyée doucement près de lui, avait essuyé les plaies avec un linge d'une blancheur éblouissante, puis avait porté délicieusement sa main à son front en lui demandant comment il se trouvait. Il avait répondu avec tristesse qu'il allait mourir honteusement.

« Non, avait repris la Vierge aussitôt. Il n'en

» sera pas ainsi ; je ne puis le souffrir. » Elle lui avait donné de son lait et il était si complètement guéri qu'il ne restait aucune trace de ses plaies sur sa figure.

*
* *

Miniature. — Fond d'or enrichi d'arabesques aussi en or. Un religieux couché dans son lit tout habillé, la tête posée sur un coussin de damas rouge, couverture rose doublée de vert. La Vierge en robe rose, présente son sein au moine qui aspire le lait. Trois anges aux ailes d'azur dont l'un tient un chandelier d'or. Trois religieux au fond de la scène semblent regarder leur confrère trépassé avec effroi et tristesse.

## Du clerc qui mist l'anel ou doi Notre-Dame

Un clerc étant à jouer devant le portail d'une église alors en construction, alla s'agenouiller au pied d'une statue de la sainte qu'on avait placée là pour exciter les passants qui y déposaient leurs offrandes.

Épris tout à coup d'une vive affection, pour Marie, à la vue de son image vénérée, le clerc lui promit de l'aimer et de la servir pendant toute sa vie ; et en signe d'engagement il lui donna une bague d'un grand prix.

A peine avait-il fait son présent que la Sainte recourba son doigt de manière à ne pouvoir ôter désormais l'anneau. Tous les assistants témoins de ce prodige conseillèrent au clerc de se consacrer de suite au service de Dieu et de sa sainte Mère.

Mais le clerc loin de suivre ces sages conseils se laissa séduire par l'amour du monde et oublia ses promesses. Irritée de cette conduite injurieuse et parjure la sainte Vierge lui apparut pendant la nuit à deux reprises différentes lui adressant de sanglants reproches. Touché enfin de ces salutaires avertissements, le clerc s'enfuit dans la solitude et se consacra au service de Dieu en embrassant la profession religieuse.

*<br>* *

Miniature. — La charmante miniature qui nous offre le fait saillant de cette histoire est assurément d'une composition très gracieuse. Sur un riche fond en damier, semé de petits dés placés en losange, de croix fleuronnées et de quatre feuilles, se dessine un jeune clerc habillé en violet, mettant un anneau au doigt de la statue de la Vierge assise sous un dais splendide, enrichi de clochetons et d'élégantes fenestrations géminées. La Sainte couronnée et nimbée, revêtue d'une robe bleue et d'un manteau marron, tient l'enfant Jésus placé sur ses genoux, portant le nimbe crucifère sur sa tête et la boule du monde d'une main, tandis qu'il bénit de l'autre à pleine palme un groupe de personnages d'âge et de costumes différents qu'on aperçoit examinant avec étonnement l'action du clerc.

## Des cinc roses en la bouche au moine après la mort

Un simple religieux, peu instruit, mais très dévôt à Marie, ne savait que le *Miserere* et sept autres psaumes qu'il avait appris dans son enfance. Cependant ingénieux dans son ignorance, il avait trouvé le moyen de rattacher cinq de ces psaumes au mot *Maria*.

Ces psaumes qui composaient toute sa science et sa philosophie étaient le *Magnificat, ; Ad Dominum ; Retribue servo tuo ; Convertendo* et *Ad te levavi*.

Ce qui n'empêcha pas qu'à sa mort, on trouva dans sa bouche cinq roses d'une merveilleuse fraîcheur et aussi vermeilles que si l'on venait de les cueillir sur leurs tiges. Ces roses représentaient, sans doute, les cinq psaumes dont ce pieux religieux avait honoré Marie pendant sa vie.

* *

Miniature. — Intérieur d'une chambre dont les parois sont couvertes de peintures roses, sur un fond en damier coupé diagonalement par des lignes blanches, réunies par une espèce de bouton d'un effet gracieux. Un religieux enveloppé dans sa couverture comme un mort dans son linceul, le camail baissé sur les yeux, laisse voir cinq roses blanches s'exhalant de sa bouche. Près de lui une foule de religieux dont l'un porte une croix de procession fleuronnée à la hampe rouge ; un autre revêtu d'une magnifique chappe blanche avec riches orfrois, festons brodés et doublé de rougé, tient d'une main un bénitier et de l'autre l'aspersoir. Les autres moines dans une attitude attristée contemplant silencieusement leur confrère saintement décédé et auquel on va rendre les derniers devoirs.

## Du riche homme et de la povre Vielette

Il s'agit ici d'une double mort arrivée dans des circonstances bien différentes. Celle d'un riche usurier et avare et d'une pauvre mendiante à laquelle la Mère de Dieu à qui elle s'était recommandée envoya un saint prêtre pour la communier et qui est bien surpris en entrant dans sa chaumière de la voir éclairée d'une clarté resplendissante ; puis au chevet de la malade, accompagnée de douze jeunes filles d'une beauté merveilleuse, une dame éclatante de majesté, essuyant de ses blanches mains avec un linge qui surpasse celle du lys, la sueur qui découlait de son front.

Chez le riche, c'était un spectacle bien différent, malgré les instances du prouvoire, l'usurier insensible se débattait à outrance contre des chats enragés qui l'étouffaient. On voyait, en effet, sur le lit du moribond une foule de démons noirs comme des charbons, vêtus comme de bêtes fauves, armés de griffes et de dents aiguës, présentant une langue saillante enflammée et une longue queue avec laquelle ils se battaient les flancs.

*
* *

La miniature reproduit exactement, malgré son exiguité cette double scène du texte. Sur un fond d'or à losanges semés de fleurons se détachent deux habitations. Une chaumière couverte de roseaux où git une pauvre femme qui se soulève de sa couche pour recevoir de la main du prêtre la sainte communion qu'on lui apporte dans un ciboire d'or. Au chevet du lit, la Reine des cieux, soutenant la tête de la malade ; une foule de vierges, la tête ceinte d'une couronne de fleurs, des anges, des chérubins sont en adoration.

Dans l'autre demeure plus riche laissant apercevoir avec un fond échiqueté de fleurs de lys, un homme malade, couché dans un lit, auquel on tâte le pouls, une femme à côté, sur le chevet du malade un noir démon velu, assis comme sur son trône, faisant vedette en attendant la mort du patient. Au pied du lit, un coffre-fort, le coffre de l'iniquité et de l'avarice.

## D'un chevalier à qui Notre-Dame s'aparut

Un jeune chevalier, fier de sa naissance, de sa beauté et de ses richesses, ne rêvant que tournois, jeux et assemblées mondaines, s'était épris d'amour pour une dame d'une famille distinguée qui ne répondait pas à ses avances. Blessé d'un mépris qui n'avait fait qu'augmenter son malheureux penchant, il s'en vint s'en plaindre à un abbé expérimenté qui lui ordonne de réformer sa conduite et de réciter à genoux le Rosaire.

Le chevalier obéit et se mit à prier dans sa chapelle. Là, tandis qu'il se plaignait avec tendresse la sainte Vierge lui apparut, la tête ornée d'une couronne éblouissante de pierreries et le visage resplendissant d'une éclatante blancheur, demandant au chevalier si la dame pour laquelle il soupire l'emporte sur elle en beauté. Le chevalier quoique surpris ne balance pas, il se prononce pour Marie. La Sainte lui fait alors connaître la récompense qui l'attend au ciel, s'il continue à faire pour elle ce qu'il a déjà fait pour celle qu'il aime.

* * *

La miniature représente une chapelle surmontée d'un clocheton exagone et d'une croix fleuronnée. Les murs peints en rose sont rehaussés de feuillages de vignes formant des arabesques en or. La porte elle-même laisse voir de gracieux enroulements. Dans la chapelle se trouve un chevalier agenouillé devant un petit autel, orné d'une croix et d'un ciborium, sur ses cheveux bouclés une espèce de coiffe alsacienne. Il est revêtu d'une tunique bleue et d'une chape ou manteau rouge. Le chevalier se retourne vers l'apparition, vers Marie qui se montre à lui dans son costume ordinaire de reine et portant un livre aux riches fermoirs.

# Du vilain qui a grant poine savait son *Ave Maria*

Un laboureur, homme avare et ignorant, ne songeait qu'à augmenter son avoir. Il travaillait tous les jours excepté le samedi depuis None où il assistait à la messe et au service qui se célébrait à l'église. Quoiqu'il sut à peine pour toute prière la moitié de son *Ave Maria*, on le trouvait souvent agenouillé devant une image de la sainte Vierge.

Cet homme étant tombé malade, les démons accoururent en foule pour enlever son âme ; les anges en firent autant de leur côté. Bientôt une longue discussion s'engage entre eux, chacun d'eux apportant des raisons propres à justifier sa thèse.

Après cette curieuse contestation entre les bons et les mauvais esprits, les démons finissent par avouer toute leur horreur pour la Salutation Angélique ; cette belle prière qui fait gémir et pleurer l'enfer. Ce serait, parait-il, un bonheur pour lui s'il pouvait anéantir toutes les nombreuses images de Marie répandues partout jusque dans les chapelles les plus abandonnées. Après cet aveu les anges emportent l'âme au ciel.

* *

Miniature. — Sur un fond d'or coupé diagonalement par des lignes noires formant des losanges surchagés de lignes blanches qui se soudent à des boutons bleus et rouges. Un tronc d'arbre à deux branches figurant un sureau fleuri, puis un paysan vêtu d'une tunique très courte, le camail en arrière, des souliers à la poulaine aux pieds, s'appuye sur les manchons d'une lourde charrue en bois portée sur des roues à six rayons. Cette charrue très simple et imitant notre charrue française est surmontée d'un dressoir pour fixer le cordeau. Deux jeunes bœufs non attelés sont là pour montrer qu'ils sont les moteurs qui doivent mettre l'instrument agricole en mouvement, au point de croire au vieux dicton : mettre la charrue avant les bœufs.

# Du diable et de l'enfant

Un mari et sa femme après avoir promis de vivre dans la continence eurent un fils que sa mère maudit avant sa naissance et donna au démon. Mais, cet enfant doué d'une grande beauté et du naturel le plus heureux, fit, dès son jeune âge, l'admiration de tous. Sa mère elle-même l'aima beaucoup. Mais elle n'osait révéler à personne sa fatale promesse.

L'enfant avait douze ans révolus lorsqu'un horrible démon vint le réclamer à sa mère qui ne cessait de pleurer. Instruit du sujet de ses larmes l'enfant s'en fut à Rome pour consulter le Pape qui l'adressa au Patriarche de Jérusalem, *le plus sage homme qui fut en terre*. Celui-ci l'adressa à un saint ermite du voisinage, lequel recevant le jeune voyageur dont il attendait la visite, se revêtit de ses habits sacrés et célébra l'office divin.

La messe était à peine commencée que malgré les précautions de l'ermite qui avait placé l'enfant entre l'autel et lui, le démon vint pour l'enlever de force. Mais le prudhomme crie aussitôt vers Dieu, et sa sainte Mère, étendant le bras, fustige le démon.

*
* *

Miniature. — L'intérieur d'une chapelle avec fronton, porte à pentures historiées, toit percé d'une lucarne et surmonté d'un clocheton carré terminé en bâtière. Sur un fond rouge quadrillé d'or, rempli de quatre feuilles avec boutons dorés, on aperçoit un prêtre revêtu d'une chasuble antique en drap d'or, les deux bras étendus ; au bas de son aube pend une plaque d'or qu'on rencontre assez fréquemment au Moyen Age. La Vierge bien reconnaissable à son costume, à son nimbe, à sa couronne tréflée, vêtue d'une robe d'azur, d'un manteau gris cendre, d'une chaussure noire, paraît armée d'un bâton qu'elle lève vigoureusement contre un affreux démon qu'elle menace et qui, dans son effroi, croise ses bras noirs et velus sur sa tête. De son autre bras, la Vierge attire à elle le jeune enfant qu'elle veut sauvegarder, contre son impitoyable ravisseur.

## De la nonnain que Notre-Dame délivra de grant poine.

Dans une abbaye que le poëte ne nomme pas vivait une religieuse aussi distinguée par la ferveur de sa piété que par sa haute naissance et par-dessus tout très dévouée à la sainte Vierge.

Mais ayant écouté les propositions que lui fit un puissant seigneur de la contrée, elle avait résolu de quitter son couvent, quand la nuit qui précéda son départ elle crut voir pendant son sommeil deux affreux démons l'emporter à l'heure même dans la gueule béante d'un monstre dévorant, espèce de cratère infernal, d'où sortait une épaisse fumée qui obscurcissait la clarté du jour et répandait une exhalaison fétide.

Une terreur subite s'empara de la religieuse à la vue d'horribles démons jetant les âmes dans cette fosse profonde dans laquelle elle se sentait elle-même entraînée. Effrayée de cette vision elle implore Marie qui, dans sa bonté maternelle, la retire de l'abîme en lui adressant une touchante exhortation pour l'engager à conserver la chasteté. A son réveil la religieuse avait changé de résolution et cong édiait avec une réponse sévère le messager de son séducteur qui n'attendait plus que sa réponse et son consentement.

* *

La miniature de notre manuscrit offre une image fidèle de cette épouvantable vision. On y voit d'abord l'horrible monstre, le Léviathan, la gueule béante, montrant ces dents acérées comme des crocs ; puis une religieuse entraînée toute vivante par plusieurs démons dans cet abîme. Tout à coup la sainte Vierge survient et tandis qu'elle retient d'une main, par l'extrémité de ses vêtements la religieuse déjà à demi-engloutie, elle s'apprête à fustiger de l'autre un affreux démon qui s'enfuie à toute vitesse. Bientôt on aperçoit la pauvre religieuse sortant de la gueule du monstre et sa libératrice, les bras tendus vers elle, lui adressant quelques paroles touchantes.

J. Villain lith. 1849.

## De la Nonnain à cui Notre-Dame abregea son *Ave Maria.*

Une sainte religieuse nommée sœur Eulalie avait l'habitude de dire dévotement à chaque office de la sainte Vierge le Rosaire, qu'elle récitait à genoux et les mains jointes, mais un peu précipitamment à cause des occupations qu'elle avait à remplir dans le couvent.

Une nuit qu'elle s'était couchée après matines, elle vit tout à coup flamboyer une grande lumière au-dessus de son lit et apparaître une Reine plus radieuse que Lucifer lorsqu'il précède l'aube matinale.

A ces traits elle a bientôt reconnue Marie qu'elle a saluée tant de fois. Néanmoins, étonnée de cette visite qui lui apprend que ses services sont agréables à Dieu et qu'elle en recevra un jour la récompense au ciel, elle reçoit aussi l'avertissement de ne pas se hâter trop en récitant la belle prière de l'*Ave Maria.* La Vierge l'autorise même à convertir son Rosaire en Chapelet ordinaire et à ne dire chaque jour que 50 *Ave Maria* au lieu de 150 dont se compose le Rosaire.

Miniature. — Sous une disposition architecturale à la fois simple et riche, ce petit tableau nous fait voir dans l'intérieur d'une cellule ou dortoir la Sainte Vierge apparaissant à une religieuse couchée dans son lit et tendant les mains vers elle. Marie, revêtue d'une robe bleue, émaillée d'or et d'un manteau gris cendre, porte un livre fermé de la main gauche et étend la droite vers la religieuse, habillée et guimpée. A son chevet un groupe de vierges et deux anges portant des chandeliers d'or et tout allumés ; l'un est à genoux au pied du lit. Tout est remarquable dans cette petite miniature.

## 87

## Des deux fames que Notre-Dame racorda.

Ce fait est l'histoire de deux femmes jalouses et ennemies. Navrée de douleur et emportée par la colère, l'une d'elles adresse à sa rivale les reproches les plus sanglants sur sa conduite coupable. Elle lui expose sa peine et les mauvais traitements auxquels elle était en butte depuis que son mari lui avait ôté ses affections pour les donner à une étrangère.

Touchée par ce récit, la coupable tombe à ses pieds, lui demande pardon et lui dit qu'à l'avenir elle vivra dans la chasteté en se vouant à Marie. Puis elles s'embrassent et se réconcilient.

Marie qui était apparue à la femme désolée de l'inconduite de son mari, avait travaillé à mettre entre elles la paix et y avait réussi.

*<br>* *

Miniature. — Sur un fond d'or en arabesque, une petite chapelle avec toit rouge uni, une clochette suspendue dans une lucarne en guise de clocher ou de campanile. Les murs sont aussi tout couverts de peinture rose, tapissés d'arabesques fines et tout or.

Dans l'intérieur apparaît environnée de nuages

la Sainte Vierge nimbée, couronnée, revêtue d'une robe dorée au collet, monté de perles. A ses pieds une femme agenouillée la capuce sur la tête.

En dehors de la chapelle, deux femmes, l'une debout fait des remontrances, et l'autre agenouillée devant elle les mains jointes, implore son pardon. C'est la scène du pardon dont nous avons parlé.

# Du miracle de l'escommunié.

Un prêtre d'une très sainte vie avait au nombre de ses paroissiens un homme d'une conduite scandaleuse qu'il fut obligé d'excommunier. Le coupable reconnaissant sa faute vînt en pleurant trouver son curé qui s'adressa à l'Évêque et celui-ci au Pape.

Après avoir voyagé pendant sept ans, on lui persuada d'aller voir à Alexandrie un homme que l'on traitait comme un fou. Il y rencontre en effet un homme presque nu, paraissant hors de sens et que l'on poursuivait dans les rues de la ville en le couvrant de boue et en l'accablant d'injures.

Reconnaissant à ces traits l'homme qu'on lui a désigné, il le suit, et tous deux vont à la nuit tombante, prier dans une antique chapelle dédiée à la Sainte Vierge. Là le pèlerin se jette à ses pieds et fait au saint Ermite l'aveu de ses fautes. Soudain la chapelle devient resplendissante, une troupe d'anges et de saints descend dans ce pauvre réduit et fait entendre des chants mélodieux.

Tandis que son compagnon tremblait de peur, l'Ermite s'approche de Marie priant pour ce malheureux, ne pouvant avoir aucun répit en terre, celui qui l'a excommunié étant mort. Marie permet au coupable de chercher dans l'assemblée céleste celui qui peut le délivrer. L'ayant bien vite reconnu, il reçoit avec attendrissement son pardon.

* *

La miniature représente l'arrivée de l'excommunié à Alexandrie. On le reconnaît facilement à son costume de voyage et au bâton qu'il tient à la main.

Dans un groupe de personnes on reconnaît aussi le saint Ermite à ses pieds nus, au morceau d'étoffe déloqueté qui sert à le couvrir, au pain rond qu'il tient à la main. Le pain de la mendicité sans doute, et au mauvais bâton devant lequel s'acharne un chien. Enfin, à l'attitude des passants qui lui font des misères, il est facile de voir que ce malheureux est la risée de tous, même des enfants qui l'insultent et se moquent de lui.

J. V. 1849.

## Du Larron que Notre-Dame soustient par III jours.

Un voleur de profession avait néanmoins l'habitude de se recommander à la Sainte Vierge avant de se livrer au larcin. Mais il ne fut pas toujours heureux dans son métier ; car il fut pris un jour en flagrant délit et condamné à être pendu aux fourches patibulaires.

Mais la Sainte Vierge, *au Memento* perpétuel de ceux qui l'invoquent dans les cas les plus critiques, vînt au secours de ce malheureux patient, et pendant deux jours elle le soutint de ses blanches mains sans qu'il endurât aucune douleur.

Le troisième jour, comme on le trouvait sain et sauf, on s'imagina que la corde n'avait pas été assez serrée, on essaya alors de lui enfoncer l'épée dans la gorge ; mais le glaive refuse d'entrer, grâce à l'intervention de Marie qui en détourna le coup.

Le voleur s'écrie alors que c'est la Sainte Vierge qui le protège, et sur ce on le détache de la potence avec la plus grande joie. Le même jour, et à la suite de ces événements, on vit le condamné dire adieu au monde et se retirer dans un monastère.

*<br>* *

Miniature. — Sur un fond rose que nous avons déjà décrit plusieurs fois, formé de lignes symétriques dorées, dont les damiers sont occupés par des quatre feuilles, se dresse une potence à deux montants avec traverse et contrefiches solidement fixées au sol accidenté et pierreux, sur lequel elle repose. Un homme en chemise y est suspendu par le cou au moyen d'une grosse corde. La Sainte Vierge placée près de lui le soutient d'une main, et de l'autre empêche l'arme du bourreau de pénétrer dans les chairs. Avec les exécuteurs des hautes œuvres, dont l'un met la main à son épée, tandis que l'autre a vainement dégainé, un groupe de six personnes est fortement étonné du spectacle qu'il a sous les yeux semble disserter.

## Du riche homme à cui le Diable servi pendant VII ans.

Un homme riche et de charité exemplaire, voulant faire passer ses richesses au ciel par la main des pauvres, avait fait bâtir à ses frais un hôpital pour y secourir toutes les misères. Mais le démon jaloux de cette utile fondation, se transforma en un jeune valet récemment mort, et se présenta à l'homme riche, s'offrant de le servir avec désintéressement en qualité de domestique.

Ses offres furent agréées, et bientôt son mérite le plaça à la tête de l'hôtellerie, et il obtînt de son maître une confiance illimitée, ce qui ne l'empêcha pas d'attenter plusieurs fois à ses jours, soit en essayant de le noyer à la pêche et de le tuer à la chasse à coup de traits.

Un jour un saint évêque étant venu visiter l'homme charitable dont on lui avait dit tant de bien, eut occasion de voir son serviteur, et éclairé d'une lumière surnaturelle, il le força à révéler sa malice et à avouer qu'il n'avait jamais pu venir à bout de ses desseins, empêché qu'il en avait été par l'oraison latine : *Beata et intemerata et in œternum benedicta singula-*

*rîs atque incomparabilis virgo*, que son maître récitait chaque fois qu'il sortait de sa maison.

* *

Miniature. — Fond rose et arabesques d'or. Une table couverte d'un linge damassé à carreau, dessus une aiguierre, une coupe en forme de ciboire, un plat sur lequel est servi un poisson, une assiette. Trois personnages debouts devant la table, le maître de la maison, le couteau à la main et l'autre levée en signe d'étonnement, saisi des révélations qu'on lui fait sur son serviteur, l'évêque bénissant la table, le démon aussi debout et les bras croisés à l'extrémité de la table, mais reconnaissable aux deux cornes de bélier qu'il porte plantées sur sa chevelure en boudin.

## Du chevalier à cui volonté fut contée pour fait.

Un chevalier riche et puissant, mais homme plein d'orgueil et d'injustice, vénérait cependant Marie au point de commettre des injustices pour lui en faire hommage. Il alla même jusqu'à fonder une abbaye en son honneur avec l'idée de s'y retirer et d'y faire pénitence.

Mais étant mort sans confession avant d'avoir pu exécuter ce projet, les démons accoururent pour saisir l'âme du défunt, et les anges aussi de leur côté.

Le débat n'était pas encore terminé qu'un ange prit la route du ciel d'où il revînt tout joyeux, portant à la main une coule de religieux que la Sainte Vierge avait obtenu de son fils Jésus en faveur de son bon vouloir.

Et tous les anges prennent le chevalier dans leurs bras, le revêtent de l'habit religieux en chantant des psaumes et l'emportant au paradis où ils le présentent à leur roi.

*
* *

La miniature, composée de deux scènes différentes, montre au premier plan, sur un fond rose pâle orné de carrés réticulés d'or *opus reticulatum*, un chevalier étendu à terre exhalant son âme sous la forme d'un petit être nu, sans sexe, dont le pied gauche est encore dans la bouche du mourant ; deux horribles démons velus viennent pour la saisir. Mais deux anges, les ailes éployées se précipitent de la région du ciel pour s'opposer à cet enlèvement. Un troisième démon assis sur un arbuste se prend la tête de dépit.

Au deuxième plan, sur un fond losangé d'or et d'azur semé de fleurs de lys, se trouve Jésus-Christ assis sur une estrade, tenant d'une main le globe du monde, et étendant sa droite pour bénir sa Sainte Mère prosternée devant lui ; deux anges aussi à genoux accompagnent leur Reine. Le Christ a le nimbe crucifère, une robe bleue et le manteau rose, les pieds nus. La Sainte Vierge est revêtue d'une robe brune et d'un manteau vert bleu, elle présente à son fils la mamèle qui l'a nourri. Les petits anges ont des vêtements délicieux, l'un rose, l'autre gris blanc, les ailes bleues et roses.

## Du moine ressuscité par la desserte Notre-Dame.

———

Un moine de Saint-Pierre de Cologne, après avoir mené longtemps sous l'habit religieux une vie mondaine et séculière, étant venu à décéder sans confession, se vit tout à coup entouré de démons qui voulaient enlever son âme. Mais saint Pierre, patron du monastère où avait vécu le moine, s'y opposa.

Toutefois, ne pouvant le mettre en possession du séjour réservé aux âmes pures, le prince des apôtres eut recours à la sainte Vierge, qui dans sa bonté pour les pécheurs s'adresse à son fils Jésus, lequel ne peut rien refuser à sa mère.

Il est donc décidé au tribunal du souverain juge que l'âme du religieux retournera habiter son corps, afin qu'elle puisse se purifier de ses souillures. Saint Pierre, en entendant cette parole réconfortante, se hâte de venir délivrer le moine des griffes du démon. Il le confia alors à deux anges qui le conduisent à un prêtre du couvent chargé de le confesser.

*
* *

Miniature. — Ce tableau comme le précédent,

offre une double scène. Dans la partie inférieure, sur un fond en damiers multicolores, on aperçoit un religieux étendu sur un lit, les bras croisés sur sa poitrine, les pieds nus. D'autres religieux, debouts près de lui le considèrent avec un air de tristesse qu'explique son genre de mort. A gauche, dans le lointain, un démon noir et velu emporte à califourchon un être nu qui, les mains jointes, se retourne pour supplier saint Pierre, venu à son secours.

Dans la partie supérieure, sur un fond d'azur losangé de carrés d'or, ornés de quatre feuilles, on distingue le fils de Dieu, les pieds nus, assis sur un siège porté sur les nuages, le nimbe crucifère sur la tête, étendant la main vers sa Sainte Mère, suivie de deux vierges martyres avec palmes blanches dans leurs mains. Marie arrive devant son fils en même temps que saint Pierre que trahit sa mèche de cheveux fixée sur son front chauve comme une étoile radieuse. Le vicaire de Jésus-Christ a pris pour compagnons deux de ses collègues dans l'apostolat, Jacques et Jean, que l'on reconnaît à la nudité de leurs pieds et à la figure imberbe du disciple bien aimé.

## Des deux frères qui furent à Romme.

Il y avait à Rome deux frères, Pierre et Étienne. L'un était archidiacre de Saint-Pierre, homme d'une vie sainte, faisant beaucoup de bien aux églises quoique un peu avare. L'autre était un jurisconsulte distingué, sans être d'une équité exemplaire, mais d'une grande dévotion pour saint Prix, donnant au jour de sa fête un banquet aux pauvres.

Or il arriva que le frère aîné vînt à mourir et fut condamné à expier ses fautes dans le purgatoire. Le second frère eut alors une vision et il sui sembla que devant Dieu on l'accusait de pluàieurs larcins, en vertu desquels on le condamnait à l'enfer. Sur ce, saint Prix supplie la Sainte Vierge d'intercéder pour le condamné afin qu'il lui soit permis de reprendre son corps, et à la condition de mourir dans trente jours.

Étienne effrayé de cette vision et surtout des tourments dans lesquels il avait vu son frère pendant ce voyage mystérieux, ne voulut recevoir désormais la vie que comme un bienfait passager qui devait l'aider à corriger ses vices et à faire pénitence de ses péchés. Le lendemain il annonçait à tous ses amis qu'il mourrait dans trente jours. L'événement justifia sa prophétie.

*
* *

Miniature. — Sur un fond diapré semé de têtes monstrueuses et de marques diaboliques affectant la forme de quatre feuilles, on voit un homme nu étendu sur son lit. Son âme, sous la forme d'un petit être, s'échappe de sa bouche mourante. Saint Prix, le nimbe circulaire sur la tête, se présente au chevet du moribond pour recueillir cette âme que de petits démons s'acharnent à saisir. Vers le pied du lit, une sainte aussi nimbée, dont il est difficile de déterminer le nom et la mission, mais probablement sainte Agnès, si ce n'est pas la Vierge, se tient debout.

## Du clerc qui fame épousa et puis la lessa

Un clerc de Pise, bon et excellent jeune homme, s'était senti dès sa plus tendre jeunesse une grande dévotion envers la Sainte Vierge, récitant chaque jour son Office comme s'il eut été dans les ordres sacrés.

Ayant eu le malheur de perdre toute sa famille qui était fort riche, ses parents l'engagèrent à entrer dans les liens du mariage. Cédant à leurs instances il y consentit. Déjà les tables du festin étaient dressées quand le clerc voulant dire comme de coutume son Office va s'agenouiller dans sa chapelle devant une image de la Sainte Vierge où il s'endort comme forcément.

Pendant son sommeil la Sainte Vierge lui apparaît toute resplendissante de clarté et lui reproche de préférer une créature à la Reine des anges qui déjà lui préparait une place au ciel et le menaçait de l'enfer s'il accomplissait son projet.

Le clerc effrayé sort de sa chapelle et revient trouver sa famille à laquelle il fait part de sa résolution de tout quitter. Après quoi il s'enfuit en ermitage où il fit une fin glorieuse.

*<br>* *

La miniature reproduit l'apparition de la Sainte Vierge au clerc pendant qu'il prie agenouillé dans sa chapelle. L'intérieur de cet édifice décoré d'un fond rose vif relevé de guirlandes en arabesque n'a rien que de simple. La Vierge richement drapée dans un manteau bleu à revers rouge offre une des plus belles poses quoiqu'avec une physionomie un peu sévère. Son grand manteau recouvrant une robe verte avec voile bleu qui descend sous sa couronne, font un bon effet ; elle gesticule de la main gauche tandis qu'elle tient sur son bras droit le livre traditionnel.

---

## De l'enfant que Notre-Dame ressuscita qui chantait le repons : *Gaude Maria.*

Il y avait au pays d'Angleterre une pauvre femme très attachée à la Sainte Vierge. Elle et son fils ne vivaient que d'aumônes. Mais cet enfant quoique élevé dans la misère avait une figure ravissante et une voix si harmonieuse qu'on ne se lassait jamais de l'entendre. Aussi chantait-il aux portes des riches pour gagner sa subsistance et celle de sa mère. Parmi les chants que l'enfant se plaisait à redire et qui attroupaient la foule se trouvait le repons : *Gaude Maria.* Or, les Juifs s'offensaient de ces chants et l'un d'eux ayant attiré l'enfant dans sa maison l'y avait occis et enterré.

La pauvre mère ne voyant pas revenir son enfant, se mit à le rechercher en invoquant Marie la consolatrice des affligés. Puis, apprenant que son fils a chanté dans la rue des Juifs, elle parcourt ce quartier dans l'exaltation de sa douleur, appelant à grands cris son cher fils ; puis elle tomba évanouie. Mais ces cris avaient été entendus et voici qu'au milieu d'un immense et solennel silence, une voix sortant du sein de la terre entonne : *Gaude Maria*.

Bientôt, en effet, on trouva le petit musicien dans une fosse, sain et sauf, frais comme une cerise, vermeille comme une fleur nouvelle. L'enfant raconta qu'après avoir reçu le coup de hache il s'était endormi et qu'une Grande Dame lui étant apparue lui avait ordonné de chanter.

*
* *

Miniature. — Sur un fond de damiers déjà bien connu, une maison avec cheminée carrée, plusieurs personnes renfermées à l'intérieur et parmi elles, sans doute, le Juif homicide. Près du seuil de la maison, un jeune enfant sort de terre, tiré par les mains d'un des spectateurs. Derrière sa mère, revenue à elle et dans la stupeur de cet événement, plusieurs personnages en costumes variés.

## D'un abbé et des compagnons que Notre-Dame secourut

Des moines voulant passer la mer furent assaillis tout à coup, au milieu de la nuit, d'une si furieuse tempête qu'ils pensèrent tous périr dans les flots. Quand ils virent la mort de si près chacun se réclama du saint auquel il avait une plus grande confiance.

Or, il y avait parmi les passagers un abbé, homme d'une piété profonde, qui leur cria de se recommander à Marie, la Maîtresse des orages et des tempêtes. A ces mots tout l'équipage se jeta à genoux et adressa une fervente prière à celle qui est appelée l'*Étoile de la mer*. L'abbé entonna aussitôt, au milieu des prières des matelots, le beau repons : *Felix namque Virgo*.

A peine avait-il commencé ce chant qu'on vit descendre du ciel un grand cierge sur le mât du navire et la mer qui roulait naguère des vagues écumeuses, s'apaisa tout à coup et devint calme comme une onde tranquille.

*
* *

Miniature. — Fond rouge pâle garni d'arabesques d'or, bordé dans le haut d'un ciel nuageux, ondulé de vapeurs blanches, sur les flots qui moutonnent, agités par la tempête, un bâtelet avec un mât et une voile. Au milieu un abbé mitré en prière et joignant les mains vers le ciel. A l'extrémité trois religieux dont l'un tient fortement le mât, le capuchon baissé, fixant leurs regards sur le cierge miraculeux qui vient de descendre tout allumé dans un des goussets du mât où il s'est planté.

## Du noié en la mer délivré par Notre-Dame.

Des pèlerins s'étant embarqués pour se rendre au Saint-Sépulcre, il s'éleva pendant la traversée une si furieuse tempête que le commandant du navire se regarda comme perdu ainsi que son équipage. On se précipita alors dans des barques de sauvetage, mais pendant cette opération un des hommes vint tout à coup à tomber à la mer et disparut sous les flots.

Cependant un évêque qui était au nombre des pèlerins regardait attentivement pour voir si quelques-uns des naufragés ne surnageraient pas lorsqu'à son grand étonnement il aperçoit jusqu'à dix colombes blanches qui s'envolaient vers le ciel. Il en conclut que c'étaient toutes les âmes des bons pèlerins qui s'en allaient au paradis.

Après quinze jours de traversée, les naufragés arrivèrent enfin sur les côtes de la Palestine et du rivage fixant leurs regards sur la mer, ils voient sortir des flots un de leurs compagnons de voyage. Questionné sur son aventure, le pèlerin raconte qu'il doit à la protection de Marie son salut et sa vie. Que s'étant réclamée à elle au moment de sa chute, elle l'avait couvert de

son manteau avant qu'il ait pu toucher le fond.
C'est à l'aide de ce manteau qui l'avait préservé
du froid, de la faim et de la soif, qu'il est arrivé
au port.

*
* *

Belle et magnifique miniature. Sur un fond riche,
quadrillé d'oves et de petits caissons armés de
segments, se détache un navire à deux voiles
avec mâts surmontés de hunes, fatigué par la
tempête, on voit qu'il va à la côte. A côté dans
une chaloupe un évêque mitré en chape rose doublé de vert, prie les mains jointes ; tandis que
les autres pèlerins regardent un pauvre naufragé
qui tombe au fond de la mer. Deux gros oiseaux
qu'on croirait chassés par la tempête s'élèvent
dans les airs comme s'ils cherchaient à gagner
un point d'appui pour s'y poser. Ce sont les
colombes dont il est parlé dans le texte.

## Du Sarrazin qui acura l'image Notre-Dame

Un Sarrazin avait en sa possession une image de la Sainte Vierge, pour laquelle il avait une grande dévotion. Ce tableau, au reste, orné de vives et riches couleurs, était d'une rare beauté. Aussi le Musulman se prosternait-il souvent devant cette image. Mais un jour qu'il était en prière il lui vint un doute dans l'esprit. Savoir : si Dieu avec toute sa puissance de créateur, supposé qu'il pût devenir homme terrestre, avait la nature divine et humaine ? D'un autre côté, fut-il devenu homme pouvait-il naître d'une Vierge ? Ajoutons que s'il avait foi en ces mystères, il n'hésiterait pas à se faire chrétien à l'heure même.

Il était donc dans ces perplexités, quand il voit soudain naître du sein de Marie les signes de sa maternité. *Beata ubera quæ lacteverunt Christum.* Ce miracle opéré pour la guérison d'un seul convertit plusieurs Sarrazins et Païens, témoins de ce prodige.

* *

La miniature de notre manuscrit offre sur un fond en damiers, dont nous avons déjà vu de nombreux exemples, la vue d'une petite chapelle

gracieusement agencée d'une arcade et d'un fronton, portant sur ces écoinçons deux lions accrou-
pis et un oiseau aux ailes éployées. A l'intérieur
dans une niche ogivale l'image assise de la Sainte
Vierge tenant l'enfant Jésus d'une main et de
l'autre un lys. A ses pieds le Sarrazin orné d'un
turban, les mains jointes, prie devant la statue.

La chapelle avec son plancher en caissons, ses
modillons figurant des bouts de solives, sa mo-
deste fenestration géminée et son appareil en
pierre de taille, en joints réguliers, accuse une
décoration des plus simples, malgré le double
chapiteau qui orne la colonne centrale.

## Du moine qui oncques ne fut as heures Notre-Dame.

Dans le monastère de Saint-Sauveur de Pavie vivait un prieur si fidèle au service de Marie qu'il n'eut voulu pour rien au monde manquer à réciter son Office. Ce bon religieux étant venu à décéder apparut, au jour de son anniversaire, au sacristain nommé Hubert, lorsque celui-ci se levait pour allumer sa lampe avant matines.

Le frère Hubert fut si effrayé d'entendre sa voix qu'il se hâta de regagner sa cellule où il ne tarda pas à s'endormir. Mais le prieur s'étant approché de lui le réprimande de ce qu'il ne lui a pas répondu. Il lui raconte alors qu'il revient d'une contrée lointaine dont la douleur, l'ennui, les souffrances et le martyre sont le partage ; qu'il a lui-même éprouvé d'affreux tourments dont il a été heureusement délivré par la Sainte Vierge.

Le lendemain le sacristain révélait à toute sa communauté cette consolante vision.

*<br>* *

Miniature. — Sur un fond losangé granulé de points d'or se détache une élégante chapelle ogivale, flanqués de légers contreforts, hérissés de larmiers et surmontés de clochetons à crochets. A l'intérieur un plafond à caissons rouges et marrons tandis que les parois des murs sont divisées par des compartiments carrés et des fenestrations géminées ; puis deux religieux dont l'un le prieur, la robe relevée, laisse voir sa jambe et son pied nu, l'autre le sacristain s'avance pour remplir son office vers une lampe suspendue, dont il tient le cordon. Leur attitude se rapporte à l'entrevue qu'ils eurent ensemble.

## De l'ymage Notre-Dame en la chambre coie.

Saint Jérôme rapporte qu'un juif de Constantinople, ennemi acharné du christianisme et calomniateur passionné du culte rendu à la Sainte Vierge, vint un jour dans la maison d'un de ses amis et qu'ayant aperçu, près d'une fenêtre, un tableau de la Sainte, il entra en fureur, blasphémant avec rage de voir que dans la moindre chapelle, on compte jusqu'à 7 et 8 tableaux du même genre. Puis dans sa colère, il saisit l'image et la jeta dans un lieu privé.

La Vierge ne put souffrir impunément cet outrage et elle se vengea du Juif avec éclat. Attaqué tout à coup d'une terrible maladie, le malheureux poussait des cris affreux, s'agitant convulsivement comme un possédé. Le chrétien effrayé ne savait que faire ; mais un peu revenu à lui il courut à l'endroit où le juif avait jeté l'image qu'il nettoya avec soin et la replaça avec honneur, à la place qu'elle occupait auparavant.

Depuis cet événement, cette image devint célèbre dans le pays et les pèlerins y venaient avec dévotion de diverses contrées lointaines. Plusieurs guérisons miraculeuses s'y étaient opérées à l'aide d'une onction faite avec une huile qui avait touché la sainte image.

*<br>* *

Miniature. — Sur un fond, échiqueté d'or avec carrés bleus et roses, apparaît une maisonnette couverte en tuiles et en plomb avec lucarne et cheminée. A l'intérieur trois hommes dont l'un renversé à terre se roule dans d'horribles convulsions. Un autre sans doute le même va jeter dans les latrines un tableau surbois où est peinte la figure de la Sainte Vierge, tenant son fils sur ses genoux. Le troisième personnage fait une application de l'huile sainte sur les yeux du coupable. C'est, sans doute, la guérison du juif devenu probablement aveugle, lors de sa punition.

# Le miracle de Théophile.

Théophile était vidame de l'évêque d'Adana, en Asie. Ses belles qualités lui avaient attiré l'estime générale et à la mort de son évêque, on voulut lui conférer la dignité pontificale. Mais, s'y étant refusé par modestie, on fut obligé d'en choisir un autre.

Le nouvel évêque ôta à Théophile sa charge de vidame. Celui-ci en ressentit un tel dépit qu'il fit un pacte avec le diable renonçant par un acte signé de son sang à sa foi et à son baptême.

Peu après Théophile fut rétabli dans sa vidamie : mais n'écoutant alors que les conseils perfides du démon, il se livra à tous les excès. Néanmoins, il ne tarda pas à revenir de son erreur. Il adressa alors à Dieu et à Marie de si ferventes prières qu'il obtint son pardon par l'intercession de la Sainte Vierge.

Cette Bonne Mère lui rendit l'acte qu'il avait si inconsidérément livré au diable et Théophile accablé sous le poids de ses regrets mourut dans l'église d'Adana, trois jours après son abjuration.

* *

Cette miniature représente Théophile donnant

son acte d'engagement au démon. Le récipien-
daire est à genoux présenté à Satan par un juif,
son ami, qui le soutient contre toute défaillance
et l'encourage à remettre eutre les mains de son
maître une espèce de cédule portant l'empreinte
d'une tête de chauve-souris. Le démon est là assis
sur une pointe de rocher, sous une physionomie
horrible, ailes de chauves-souris, cornes sur le
front, griffes aux pieds, chair velue et couverte
de longs poils, laissant entrevoir d'autres figures
monstrueuses sur diverses parties de son corps.
D'autres démons aussi hideux que leur cheftenant
les uns des chaudières de feu qu'ils s'apprêtent à
verser sur leur victime, tandis que d'autres
s'accrochent à leurs vêtements ou s'abritent en
ricanant à l'ombre du rocher infernal.

## Le Miracle de Saint Basile.

Julien l'apostat allant faire la guerre aux Perses était passé par Césarée dont saint Basile était évêque, le menaçant de tout son courroux s'il revenait victorieux. Le peuple éploré se pressa en foule sous les voûtes d'une église dédiée à la Sainte Vierge et priait saint Mercure, Patron de la Cité, de le secourir dans une circonstance si critique.

Saint Basile, quoiqu'ému du danger, avait néanmoins rassuré son peuple lui promettant la protection de la Mère de Dieu. Un jour, il avait vu en vision, une Dame Magnifique assise sur un trône élevé et couronnée de gloire, donner à saint Mercure l'ordre d'aller mettre à mort l'impie Julien, l'exterminateur de son nom et de celui de son fils.

Et l'on racontait que l'Empereur étant sur les bords de l'Euphrate environné de toute son armée, un chevalier redoutable, monté sur un coursier qui faisait trembler la terre sous ses pas, et portant une longue lance, semblable à celle qu'on emploie dans les tournois s'approcha brusquement de lui et malgré les soldats qui le gardaient le

transperça d'outre en outre de sa lance et telle
était la vitesse de son cheval qu'il disparut sans
qu'on eut à peine le temps de le voir. Julien se
sentant frappé à mort avait jeté un cri déchirant
et lancé ses malédictions contre le ciel.

*<br>* *

Notre Miniature figure donc ce combat de Saint
Mercure contre Julien l'apostat. Le Saint y est
représenté, armé de toutes pièces, gantelé, épe-
ronné, casqué, l'écu d'une main et la lance de
l'autre, comme les chevaliers du Moyen Age. Il
est de plus nimbé, monté sur un cheval blanc à
l'épaisse crinière. Dans cette attitude Saint Mercure vise son adversaire qu'il frappe en pleine
poitrine. Julien qu'on reconnaît à sa couronne
impériale, entouré de quelques cavaliers, le cime-
terre levé, fait des efforts pour échapper au danger
qui le menace.

La figure juvénile et calme de Saint Mercure
offre un singulier contraste avec celle de ce persé-
cuteur dont les yeux roulent d'affreux regards.

## Comment Notre-Dame défendi la cité de Constantinople.

Sous le règne de Théodose, un certain Muselinus vint camper sous les murs de Constantinople,
espérant s'emparer de la ville et des richesses
immenses qu'elle contenait. Le barbare attaqua à
la fois la cité par mer, joignant la menace à la
ruse pour surprendre les assiégés.

Pressés de toutes parts les assiégés eurent
recours à Marie pour être délivrés du danger.
Leur prière fut exaucée, car, après des assauts
réitérés, Muselinus reconnut l'inanité de ses efforts.
Bien plus, levant les yeux au ciel, il en avait vu
descendre une Dame d'une merveilleuse beauté,
ses vêtements de pourpre et d'or, l'éclat de son
visage répandaient au loin une lumineuse clarté.
Un innombrable cortège de vierges habillées de
bleu, accompagnaient leur Reine qui recevait dans
un plis de son manteau tous les projectiles lancés
contre les remparts et les renvoyait à l'ennemi
auquel elle fait essuyer des pertes considérables.

A la vue de ce prodige, le prince infidèle fait
lever le siège et entre dans la ville pour rendre

hommage à Marie qu'il comble de présents et reconnaître la vérité de notre foi.

**

Miniature. — Sur un fond losangé de rose et d'azur, coupé de compartiments enserrant des quatre feuilles d'or, se profile l'aspect d'une fortification considérable, espèce de citadelle, défendue par un donjon à créneaux, couronné de machicoulis. Une catapulte ou pierrier est dressé contre le rempart et prêt à lancer un énorme projectile. Des soldats bardés de fer essayent de monter à l'assaut. Mais, au-dessus des remparts, la Vierge sortant du pénombre des nuages qui l'environnent et planant sur la ville étend son large manteau sur les murs et sur les assiégés pour les défendre et les préserver, recevant, comme dit la chronique, les projectiles dans un des pans de sa robe.

---

## Du Juif qui prit en gage l'image Notre-Dame.

Un riche bourgeois de Constantinople, très fidèle serviteur de Marie, ayant dépensé toute sa fortune, fut réduit à contracter des emprunts très onéreux. Pressé par les refus de ses amis, il se vit obligé de mettre en gage chez un juif opulent de la cité, une image de Jésus et de sa Sainte Mère, à la condition que s'il ne peut rembourser au jour convenu il deviendra son esclave.

Avec l'argent que lui a prêté le juif le bourgeois fait un négoce fructueux et parvient à amasser d'immenses richesses ; mais livré à toutes les distractions du commerce, il avait oublié le terme de ses engagements qui finissait le lendemain, quand il lui eut fallu plus de trente jours pour arriver du lieu où il était aux rives du Bosphore.

Cependant le marchand, plein de confiance, jette à la mer, en le recommandant à Dieu, un écrin contenant des valeurs considérables destinées à solder son emprunt et l'écrin balloté par les flots arriva le lendemain avant l'aurore en vue de l'antique Bisance. Là le juif recouvre l'argent qu'il avait prêté, tout en niant le dépôt qu'il a reçu, ce dont il est confondu dans la scène que nous représente la miniature.

* *

Intérieur d'une chapelle dont les parois montrent un fond en damiers. Sous une arcade tréflée bordée des quatre feuilles et de trèfles lancéolés se dresse, sur un autel, une statue de la Sainte Vierge caressant son fils. Près de l'autel richement peint en bleu, sont quatre personnages, le bourgeois et le juif, auquel le premier montre sa quittance de la promesse qu'il a faite. On sent que l'image, qui est là devant eux, est une pièce de conviction qui va confondre le juif et justifier le bourgeois.

# Le miracle de Notre-Dame de Sardenay.

Une dame distinguée de Damas et d'une piété éclairée avait pris le parti de renoncer au monde pour se retirer dans un désert où elle avait fait bâtir un ermitage pour y accueillir charitablement les pèlerins.

Un jour, un moine de Constantinople qui allait à Jérusalem vint lui demander l'hospitalité. A son départ la bonne dame lui recommanda avec instance de prier pour elle au Saint Sépulcre et de lui rapporter une image de la Sainte Vierge.

Le pèlerin le lui promit et acheta à Jérusalem une tablette où était représentée la Sainte Vierge. Grâce à cette image il avait échappé à beaucoup de dangers sur sa route. Cette sauvegarde lui donna d'abord la tentation de ne pas repasser chez son hôtellière afin de s'approprier l'image et de la reporter en son pays.

Mais s'y trouvant obligé par la volonté de Dieu, et après lui avoir raconté toutes les aventures qui lui sont arrivées à l'occasion de l'image, tous deux prennent la résolution d'honorer Marie dans le lieu qu'elle s'est choisi. Depuis on les vit passer les jours et les nuits devant cette image miraculeuse.

La Vierge montra combien ce culte lui était agréable, en faisant découler du tableau une sorte d'huile qui, recueillie dans des vases d'airains, avait la propriété de guérir de diverses maladies, et les pèlerins qui affluaient en cet endroit emportaient de cette liqueur pour leur usage.

*
* *

Miniature. — Intérieur d'une chapelle avec porte ouverte dans un contrefort laissant voir ses peintures historiées et l'auvent qui l'abrite. Sur un fond rose vif orné d'arabesque, un moine et une religieuse soulèvent et montrent un tableau de la Sainte Vierge et de l'Enfant-Jésus. On voit que cette image était une peinture exécutée sur bois avec un encadrement à trèfles semblables à nos triptiques.

## Le miracle de Notre-Dame du Sardenay.

Gautier de Coincy, forcé d'avouer la faiblesse de sa santé, déclare que le miracle de Notre-Dame de Sardenay sera le dernier dont il parlera.

Entre toutes les églises de Constantinople on citait une magnifique chapelle très connue sous le nom de Luzerne et dans laquelle on conservait une belle image de la Sainte Vierge.

Ce célèbre tableau était toujours dérobé à la vue des fidèles, excepté depuis les vêpres du vendredi jusqu'au samedi après la messe. Il y avait alors affluence dans le lieu saint pour voir l'image et la merveille que Dieu y opérait en découvrant miraculeusement le tableau.

Le poète en conclue que les clercs doivent fêter le samedi s'ils veulent entrer dans les prés fleuris de l'éternité, où mêlés aux anges, ils béniront Dieu dans les fêtes du ciel.

* * *

Miniature.— Sur un fond rose offrant un damier orné de quatre feuillés et de croix fleuronnées, on remarque un autel sur lequel on célèbre solennellement la messe avec diacre et sous-diacre, celui-ci portant l'épistolier, et l'autre la patène

qu'il tient élèvée, la main enveloppée d'un voile.
Sur le gradin de l'autel, la Vierge assise tenant
l'Enfant-Jésus ombragé par une arcade tréflée et
rampes à crochets. Sous cette arcade, Jésus-Christ
ôtant de ses mains divines le grand voile qui couvrait la statue.

Le prêtre, revêtu d'une robe blanche et d'une
chasuble bleue avec revers rouge et collet brodé
d'or, le diacre est orné d'une longue dalmatique
verte fondue sur les cotés, piqué d'or, tandis que
le sous-diacre porte une tunique rouge festonnée
d'un simple liseret. On voit que les couleurs uni-
formes pour les officiants n'étaient pas obliga-
toires. Quelques assistants, les uns debout et les
autres agenouillés.

# Sujets supplémentaires.

## I

Le départ pour la Croisade. Adieu d'un roi, prince ou haut baron, accompagné de ses écuyers, à sa femme.

## II

Une pieuse femme accusée devant un roi par un mauvais clerc transformé en démon. La Sainte Vierge, avocate de la malheureuse inculpée, prend sa défense et la délivre.

## III

Une religieuse, séduite par un gentilhomme de ses connaissances, quitte la nuit son couvent pour aller en Sicile. Poussée par un vif remords elle fait une pénitence édifiante.

## IV

Une reine en prière devant Notre-Seigneur Jésus-Christ, sauveur du monde.

# TABLE DES SUJETS

---

Reims. — Imp. et Lith. MATOT-BRAINE.

Contraste insuffisant

**NF Z 43**-120-14

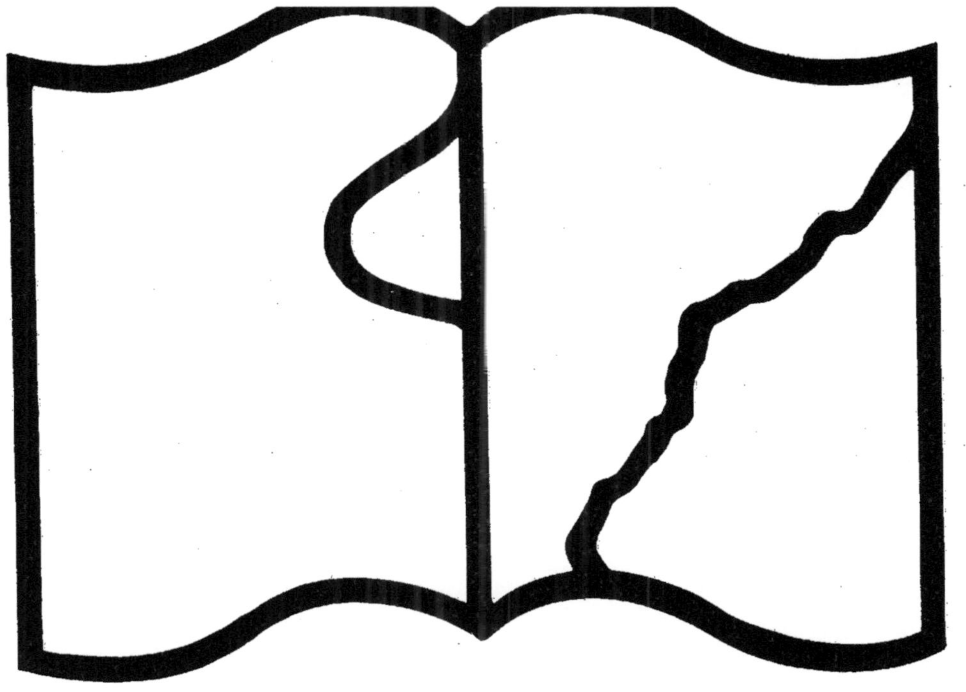

Texte détérioré — reliure défectueuse

**NF Z 43**-120-11

9 782012 842526